말 잘하는 엄마,
말 잘하는 아이

말 잘하는 엄마, 말 잘하는 아이
돈 한 푼 안 들이는 우리집 스피치 교육법

초 판 1쇄 2025년 12월 10일

지은이 이보라, 최솔지
펴낸이 류종렬

펴낸곳 미다스북스
본부장 임종익
편집장 이다경, 김가영
디자인 임인영, 윤가희
책임진행 이예나, 김요섭, 안채원, 김은진, 국소리

등록 2001년 3월 21일 제2001-000040호
주소 서울시 마포구 양화로 133 서교타워 711호
전화 02) 322-7802~3
팩스 02) 6007-1845
블로그 http://blog.naver.com/midasbooks
전자주소 midasbooks@hanmail.net
페이스북 https://www.facebook.com/midasbooks425
인스타그램 https://www.instagram.com/midasbooks

© 이보라, 최솔지, 미다스북스 2025, *Printed in Korea*.

ISBN 979-11-7355-614-2 03370

값 18,500원

※ 파본은 구입하신 서점에서 교환해드립니다.
※ 이 책에 실린 모든 콘텐츠는 미다스북스가 저작권자와의 계약에 따라 발행한 것이므로 인용하시거나 참고하실 경우 반드시 본사의 허락을 받으셔야 합니다.

미다스북스는 다음세대에게 필요한 지혜와 교양을 생각합니다.

돈 한 푼 안 들이는
우리집 스피치 교육법

말 잘하는 엄마,
말 잘하는 아이

이보라
최솔지

미다스북스

| 프롤로그 | … | 6 |

| 스피치 능력 평가 및 평가 루브릭* | … | 10 |

* 학습자의 학습 결과물이나 성취 정도를 평가하기 위하여 사용하는 사전에 공유된 기준

CHAPTER 1 말하기 능력은 만들어지는 것이다

1	말하기는 '기회'에서 자란다	…	17
2	엄마의 한마디가 자신감을 만든다	…	21
3	대화 환경이 표현력을 결정한다	…	26
4	말의 재료가 곧 언어력이다	…	31
5	반복 훈련이 말하기를 완성한다	…	36
6	말하는 부모 아래서 아이는 성장한다	…	42

CHAPTER 2 일상 속 스피치로 자연스럽게 말하기 실력을 키워라

1	마음을 여는 첫 기술, 인사	…	47
2	경청은 말하기의 바탕이 된다	…	53
3	감정 표현이 표현력의 출발점이다	…	58
4	눈맞춤은 아이의 마음을 연다	…	64
5	경험을 조리 있게 말하는 힘 길러주기	…	68
6	생각·의견 말하기, 식탁에서 시작하라	…	75
7	핵심을 못 잡는 아이, 이유가 있다	…	81
8	부탁과 거절도 연습이 필요하다	…	86

CHAPTER 3 재미가 실력으로! 놀이 기반 스피치 트레이닝 기법

1	놀이로 평생 말하기 습관을 만들자	…	95
2	정확한 발음 재미있게 훈련하기	…	99
3	상황에 맞는 목소리로 표현력 확장하기	…	113

4	언어 표현력, 자연스럽게 늘리기	⋯	120
5	비언어적 표현도 강력한 소통 도구다	⋯	128
6	순발력 있는 말하기의 비밀	⋯	137
7	의미 있는 수다 시간을 만들어라	⋯	144
8	공감 능력, 엄마와 함께 키우기	⋯	151
9	질문하는 아이를 만드는 놀이	⋯	158

CHAPTER 4: 발표까지 자신 있는 아이로 키우는 특급 스킬 8가지

1	언제나 어디서나 가능한 자기소개 비법	⋯	167
2	학년별 필수 능력은 발표력이 좌우한다	⋯	172
3	웅얼웅얼하는 아이는 이것부터 챙겨라	⋯	175
4	말 잘하는 아이는 오프닝과 마무리가 다르다	⋯	179
5	임원 선거 당락을 결정짓는 스피치 기술	⋯	184
6	공개 수업 준비는 업그레이드 시간!	⋯	189
7	프레젠테이션 스킬로 한 단계 점프하라	⋯	193
8	임팩트 있는 메시지를 남기는 토론의 기술	⋯	198

CHAPTER 5: 말 잘하는 아이, 이렇게 자란다

1	스피치로 키우는 자기 효능감	⋯	207
2	문해력을 끌어올리는 말하기 실력	⋯	211
3	말 잘하는 아이가 생각 정리도 잘한다	⋯	216
4	말하기는 뇌 발달에 도움이 된다	⋯	219
5	내 아이를 지키는 무기, 말솜씨	⋯	224
6	스토리텔링 시대, 말하기도 스펙이다	⋯	229
7	재능을 넘어 직업으로 이어진다	⋯	233
8	말을 잘하면 원하는 꿈에 가까워진다	⋯	236

프롤로그

아이의 말하기에 대한 엄마의 핵심 고민

저는 약 10년간 학원을 운영하며 정말 많은 엄마들을 만났습니다. 가르쳤던 아이들만 2천 명에 가까우니, 상담까지 포함하면 수천 명의 엄마들과 이야기를 나눈 셈입니다. 상담은 때로는 힘들기도 했지만, 함께 아이를 키워나간다는 마음이 오히려 저에게 큰 위로가 되기도 했습니다. 그리고 그 과정에서 한 가지 공통점을 발견했습니다. 바로 '우리 아이가 말을 못 해서 손해 보지 않았으면 좋겠다'라는 진심이었습니다.

엄마들은 '말을 잘해서 관심을 받고 인정받는 것'보다, 아이가 자신을 지켜낼 수 있는 말의 힘을 갖길 바라고 있었습니다. 하지만 정작 어떻게 알려줘야 할지 모른다는 고민을 갖고 있단 점도 공통적이었습니다. 특히 고학년이 되면 아이가 예전처럼 엄마의 말에 귀 기울이지 않고, 대화량도 줄어들면서 말하기 지도가 더 어려워진다는 이야기를 자주 들었습니다. 저 역시 곧 5학년이 되는 딸이 키우고 있기에 그 마음을 누구보다 잘 이해합니다.

우리 집 대화 환경이 만드는 아이의 표현력

저는 교육 현장에서 '나부터 제대로 잘 말하기가 어렵다'는 엄마들의 고백도 많이 들었습니다. 표현하는 것이 쑥스러워서 입을 열기가 힘들다는 분들도 있었고, "살아보니 말을 못 하면 힘들더라고요. 아이는 저처럼 힘들지 않았으면 좋겠어요"라고 이야기하는 엄마들도 있었습니다. 그분들도 자기 생각을 말로 표현하는 것이 얼마나 중요한지 누구보다 잘 알고 있었습니다. 다만, 어떻게 해야 말을 잘하는지, 어떻게 해야 아이의 말하기를 지도할 수 있는지, 아무도 제대로 알려주지 않아서 엄마 혼자 감에 의존하며 해결해가고 있었습니다.

반대로, 다양한 아이들을 만나며 '굳이 학원에 다니지 않아도 되겠다'라고 느끼는 아이들도 있었습니다. 이런 아이들은 처음 보는 제 앞에서도 주눅 들지 않고 자기 생각을 조리 있게 말했습니다. 말하는 태도도 바르고 말의 속도와 높낮이는 안정적이며, 상대를 배려하는 '쿠션 언어'도 자연스럽게 사용했습니다. 그리고 이런 아이들의 엄마를 만나보며 금세 이유를 알 수 있었습니다. 아이의 말을 끝까지 들어주고, 적절하게 반응해 주고, 부드럽고 명확하게 표현하는 엄마들. 그분들과 대화를 나누다 보면 저도 시간 가는 줄 모르곤 했습니다.

　사실 대부분의 엄마들은 아이를 위해 늘 고민하고 노력하고 있습니다. 각자의 방식으로 최선을 다해 소통하려 애쓰고 있고, 아이가 말을 잘하게 돕고 싶다는 마음도 분명합니다. 문제는 방법을 알려주는 사람이 없었다는 것입니다. 이 지점에서 많은 엄마들이 가장 큰 어려움을 겪고 있다고 저는 생각합니다.

　그리고 한 가지 더. 사실 아이들도 말을 잘하고 싶어 합니다. 다만 아직 자신에게 맞는 말하기 방식을 찾지 못했을 뿐입니다. 아이만의 말하는 색깔을 가장 먼저 발견하고, 조금씩 키워줄 수 있는 사람은 멀리 있지 않습니다. 그 사람은 매일 대화를 나누는 '엄마'입니다.

　그래서 저는 이 책을 쓰고 싶었습니다. 아이를 가장 가까이에서 지켜보는 엄마들이 말로 아이를 지지하고, 아이의 성향에 맞게 말하기를 지도하며, 집에서도 자연스럽게 '말하기 근육'을 키워줄 수 있도록 돕고 싶었습니다. 이 책이 엄마들에게 작지만 확실한 변화의 시작이 되고, 그 변화가 아이의 일상 속 말하기까지 이어지기를 진심으로 바랍니다. 그리고 이 변화의 시작에 많은 엄마들과 아이들이 함께하길 바랍니다.

*이 책에 등장하는 인물의 이름은 모두 가명이며, 사례는 실제 상담 및 교육 경험을 바탕으로 재구성하였습니다. 개인 정보 보호를 위해 일부 상황은 각색하였으나, 본질적 내용과 메시지는 실제와 같습니다.

스피치 능력 평가 및 평가 루브릭

1. 스피치 능력 평가 원고

아래 원고를 소리 내서 읽도록 지도하고 '전달력', '표현력', '자신감' 능력을 평가해주세요.

목소리는 나를 보여주는 힘

여러분은 자신의 목소리에 대해 생각해 본 적이 있나요? 우리가 매일 사용하는 목소리는 단순한 소리가 아니라, 나를 표현하는 중요한 도구입니다. 같은 문장이라도 어떻게 말하느냐에 따라 사람들이 느끼는 인상이 완전히 달라집니다.

예를 들어, "안녕하세요."라고 말할 때도 목소리를 조금만 밝게 올리면 상대에게 더 친근하게 느껴지고, 조용하고 단단한 목소리로 말하면 신뢰감을 줄 수 있습니다. 이처럼 목소리는 표정과 연결되어 있고, 억양은 마음의 상태를 자연스럽게 드러냅니다.

하지만 목소리를 잘 사용하기 위해 가장 중요한 것은 자신감입니다. 자신감이 있을 때 목소리는 또렷해지고, 발음도 정확해집니다. 반대로 마음이 흔들리면 말도 흐려지고, 시선도 불안해지죠. 그래서 저는 말하기에서 가장 먼저 연습해야 할 것이 '내 생각을 분명하게 전하려는 태도'라고 생각합니다.

목소리와 말하기 실력은 타고나는 것이 아니라 연습할수록 좋아지는 기술입니다. 책을 크게 읽어 보거나, 한 문장을 여러 억양으로 바꿔 말해보는 연습은 표현력을 키우는 데 큰 도움이 됩니다.

또한 평소보다 천천히 말하며 발음을 정확하게 하는 습관은 전달력을 높여줍니다. 우리가 자신의 목소리를 알고, 또 잘 다룰 수 있게 되면 사람들 앞에서 말할 때 훨씬 당당해질 수 있습니다.

저는 앞으로도 목소리의 힘을 잘 활용해서, 더 많은 사람들과 명확하고 자신 있게 소통하는 사람이 되고 싶습니다.

---

2. 스피치 능력 평가
1점(하), 2점(중하), 3점(중), 4점(중상), 5점(상)

전달력(목소리, 발음)
1점: 목소리가 작고 발음이 뚜렷하지 않음
2점: 목소리·발음 시도는 있으나 불안정함
3점: 기본적인 목소리 크기와 발음으로 전달 가능함
4점: 목소리와 발음이 안정적이고 또렷함
5점: 힘 있고 정확한 발음으로 매우 잘 들림

표현력(표정, 억양, 제스처 중심)
1점: 표정·억양이 거의 없어 단조로움
2점: 표현 시도는 있으나 어색하거나 부자연스러움
3점: 적당한 표현으로 내용 전달 가능함
4점: 표정·억양·제스처가 자연스럽고 조화로움
5점: 풍부한 표현으로 생동감 있게 전달함

자신감(눈빛, 자세)
1점: 눈빛이 불안하고 자세가 움츠러져 있음
2점: 시도는 있으나 시선·자세가 불안정함
3점: 기본적인 시선과 자세로 발표함
4점: 시선이 안정적이고 자세가 바르게 유지됨
5점: 눈빛이 당당하고 자세도 적극적임

3. 스피치 능력 평가 질문
아래 질문 중, 한가지를 선택하도록 지도하고 3분 후 설명할 수 있도록 해주세요.

유아~초등 3학년
1. 비 오는 날 해야 한다면 '책 읽기'와 '실내 운동' 중 무엇이 더 좋나요? 이유를 말해보세요.
2. 방학 때 집에 있기 vs 나가기, 무엇이 더 좋나요? 이유 2~3가지를 말해보세요.
3. 숙제를 빨리 끝내면 좋은 점 2~3가지를 말해보세요.

초등 고학년~중등
1. 책을 읽는 것과 영상을 보는 것 중 어떤 방식이 더 도움이 되는지 선택하고 이유를 3가지 말해보세요.
2. 스마트폰 사용 시간 제한이 필요한지, 아니면 불필요한지를 선택하세요. 자신이 왜 그것을 선택했는지 이유 3가지를 말해보세요.
3. 단체 활동과 개인 활동 중 자신에게 더 적합한 방식을 선택하고 이유를 3가지 말해보세요.

4. 스피치 능력 평가
1점(하), 2점(중하), 3점(중), 4점(중상), 5점(상)

논리력 및 순발력 (조리, 반응 속도)

1점
- 단답형으로 대답하며 이유가 없음
- 말이 전혀 정리되지 않음
- 즉석에서 말의 흐름을 이어가는 순발력이 거의 없음

2점
- 선택은 있으나 이유가 1개 수준이며 매우 모호함
- 말의 흐름이 자주 끊기고 설명의 연결성이 낮음
- 준비한 내용을 말로 정리하려 할 때 순발력이 부족함

3점
- 선택이 명확하고 이유를 2~3개 제시함
- 기본적인 주장/근거의 구조는 있으나 구체성이 부족함
- 준비 내용을 일정 부분 즉석에서 재구성할 수 있음

4점
- 이유 3개가 구체적이며 서로 다른 근거를 제시함
- 설명 흐름이 자연스럽고 논리적 연결이 안정적임
- 즉석에서 구조화하며 말하는 순발력이 비교적 높음

5점
- 서론-본론-결론 구조가 명확하고 근거가 충분함(3개 이상 구체적)
- 전체 흐름이 매우 매끄럽고 확장 설명까지 가능함
- 준비 내용을 즉석에서 체계적으로 조직하는 순발력이 뛰어남

스피치 능력 평가 및 평가 루브릭

5. 스피치 능력 평가

5
4
3
2
1
0

전달력　　　표현력　　　자신감　　　논리&순발력

6. 스피치 능력 평가 결과 해설

모든 항목의 점수가 높은 경우

: 이미 기본기와 자신감이 높기 때문에 발표력 확장, 실전 무대 스킬, 고급 스피치 기술로 성장시키는 것이 핵심

모든 항목의 점수가 낮은 경우

: 기본 말하기 토대부터 안정적으로 만드는 것이 필요함

7. 결과별 추천 목차

모든 항목의 점수가 높은 경우
- CHAPTER 4-1. 언제나 어디서나 가능한 자기소개 비법
- CHAPTER 4-4. 말 잘하는 아이는 오프닝과 마무리가 다르다
- CHAPTER 4-7. 프레젠테이션 스킬로 한 단계 점프하라
- CHAPTER 4-8. 임팩트 있는 메시지를 남기는 토론의 기술
- CHAPTER 5-6. 스토리텔링 시대, 말하기도 스펙이다
- CHAPTER 5-8. 말을 잘하면 원하는 꿈에 가까워진다

모든 항목의 점수가 낮은 경우
- CHAPTER 1-1. 말하기는 '기회'에서 자란다
- CHAPTER 1-2. 엄마의 한마디가 자신감을 만든다
- CHAPTER 2-1. 마음을 여는 첫 기술, 인사
- CHAPTER 2-3. 감정 표현이 표현력의 출발점이다
- CHAPTER 2-4. 눈맞춤은 아이의 마음을 연다
- CHAPTER 3-1. 놀이로 평생 말하기 습관을 만들자
- CHAPTER 3-2. 정확한 발음 재미있게 훈련하기

전달력(목소리, 발음)이 부족한 경우
- CHAPTER 3-2. 정확한 발음 재미있게 훈련하기
- CHAPTER 3-3. 상황에 맞는 목소리로 표현력 확장하기
- CHAPTER 4-3. 웅얼웅얼하는 아이는 이것부터 챙겨라
- CHAPTER 4-4. 말 잘하는 아이는 오프닝과 마무리가 다르다

표현력(표정, 억양, 제스처)이 부족한 경우
- CHAPTER 2-3. 감정 표현이 표현력의 출발점이다
- CHAPTER 3-3. 상황에 맞는 목소리로 표현력 확장하기
- CHAPTER 3-4. 언어 표현력, 자연스럽게 늘리기
- CHAPTER 3-5. 비언어적 표현도 강력한 소통 도구다

자신감(눈빛, 자세)이 부족한 경우
- CHAPTER 1-1. 말하기는 '기회'에서 자란다
- CHAPTER 1-2. 엄마의 한마디가 자신감을 만든다
- CHAPTER 2-4. 눈맞춤은 아이의 마음을 연다
- CHAPTER 4-1. 언제나 어디서나 가능한 자기소개 비법
- CHAPTER 4-3. 웅얼웅얼하는 아이는 이것부터 챙겨라

논리&순발력(조리/반응 속도)이 부족한 경우
- CHAPTER 2-5. 경험을 조리 있게 말하는 힘 길러주기
- CHAPTER 2-6. 생각 의견 말하기, 시작에서 시작하라
- CHAPTER 2-7. 핵심을 못 잡는 아이, 이유가 있다
- CHAPTER 3-6. 순발력 있는 말하기의 비밀
- CHAPTER 3-9. 질문하는 아이를 만드는 놀이
- CHAPTER 4-3. 웅얼웅얼하는 아이는 이것부터 챙겨라
- CHAPTER 5-3. 말 잘하는 아이가 생각 정리도 잘한다

CHAPTER
1

말하기 능력은 만들어지는 것이다

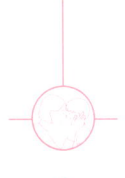

1
말하기는 '기회'에서 자란다

"엄마는 어렸을 때 말 잘했어?"

어느 날, 2학년 딸아이가 던진 질문입니다.

"엄마는 스피치 선생님이니까, 어렸을 때부터 말 잘했을 것 같아"라고 덧붙였습니다.

순간 말문이 막혔습니다.

"글쎄…. 어렸을 땐 잘 못 했던 것 같은데…"

어렴풋한 기억을 더듬으며, 결국 엄마에게 전화를 걸었습니다.

"엄마! 나 어렸을 때 말 잘했어?"

"너는 걸음은 늦었지만 말을 빨리했지. 받아쓰기도 잘하고. 그렇다고 특별히 말을 잘하는 아이는 아니었어."

기억이 맞았습니다. 제가 선천적으로 말 잘하는 아이는 아니었던 것입니다. 그런데 지금은 스피치 강사로 활동하며, 누군가에게 '말을 잘하는 사람'으로 불리고 있습니다. 그렇다면 어떻게 달라진 걸까요?

말하기 능력은 '재능'보다 '노출 환경'이 결정한다

언어 심리학에서는 언어 능력이 유전과 환경의 상호 작용으로 형성된다고 봅니다. 그중에서도 하버드 대학의 심리학자 스노우는 "언어 능력은 반복적 상호 작용 속에서 성장한다."라고 강조했습니다. 즉, 타고난 성향이 어떻든 간에 말하기 능력은 얼마나 자주 말해봤는가, 얼마나 다양한 상황에서 말할 기회를 얻었는가에 따라 크게 달라진다는 것입니다.

말하는 재미를 경험했던 어린 시절

어릴 적, 저희 집 명절은 작은 콘서트장이었습니다. 온 가족이 모인 자리에서 아이들은 노래와 춤을 준비했습니다. 그중 저는 무대에 서기보다는 무대 옆에서 곡을 소개하는 역할을 맡게 되었습니다. 우연처럼 다가온 '말하는 자리'였습니다. 하지만 그 경험이 말을 해보는 용기, 누군가 앞에 서는 재미를 알게 해주었습니다. 이에 더해 초등학교 3학년 장기자랑 사회자로 이어진 제 경험은 인생의 작은 전환점이 되었습니다. 제가 말하면 사람들이 웃고, 친구가 무대에 나오고, 박수가 쏟아졌습니다. '내가 하는 말로 무언가가 움직인다.'라는 그 짜릿한 경험이 말하기 에너지를 키웠습니다. 이후 전교 회장, 응원단장, 축제 MC, 발표자…. 수많은 말하기 기회를 누리며, '노출'과 '연습'이 쌓여 말하기 자신감이 생겨난 것이었습니다.

마음껏 말해 볼 수 있는 경험의 중요성

만약 제가 춤을 잘 췄다면 명절 가족 콘서트장에서 저는 춤을 췄을 것이고, 말하는 즐거움을 몰랐을지도 모릅니다. 말하기 능력은 이렇게 우연한 기회와 반복적인 연습, 그리고 자기표현의 즐거움을 느끼는 순간들 속에서 자라납니다.

말을 잘하게 되는 비밀은 '재능'이 아니라 '기회'에 있습니다. 그리고 그 기회를 만드는 건 다름 아닌 부모입니다. 거창할 필요 없습니다. 식탁에서, 거실에서, 아이 방에서 지금 바로 시작할 수 있습니다. 오늘부터 단 5분, 아이가 마음껏 말할 수 있는 공간을 열어주세요. 그 작은 대화가 아이의 스피치를 바꿉니다.

말 잘하는 아이로 키우는 엄마의 소통 습관

말할 수 있는 '환경'을 만들어주세요
말 잘하는 아이는 단순히 말을 잘하는 게 아니라, 말할 기회를 자주 가진 아이입니다. 그 시작은 가정에서 가능합니다.

1. 자주 말할 수 있는 놀이 환경 만들기
저희 집에는 아이가 2살 때부터 함께한 단어 카드가 있습니다. 처음에는 그림을 설명해주었고, 이후에는 아이가 설명하고 엄마가 맞추는 게임으로 발전했습니다.

2. 설명하는 능력 키우기
아이는 처음엔 "이건 초록색이랑 빨간색 있어, 난 이거 싫어해"처럼 주관적으로 설명했습니다. 하지만 점차 "이건 과일이고, 꼭지가 있고, 우리가 먹는 건 빨간색 부분이야. 노래도 있어! 울퉁불퉁 멋진 몸매에~"처럼 점점 더 구체적이고 논리적인 표현을 사용하게 되었습니다.

3. '말이 통하는 기쁨'을 느끼게 해주세요
아이의 설명을 듣고 문제를 맞히려고 노력할수록, 아이는 '어떻게 말해야 상대가 이해할까?'를 고민하게 됩니다. 이런 경험들이 표현력, 객관성, 논리성을 키웁니다.

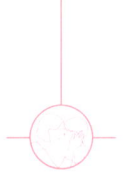

2
엄마의 한마디가 자신감을 만든다

"우리 아이는 낯선 환경에서 말도 못 해요. 상담이 가능할까요?"

아이와 상담하기 전, 한 어머님이 조심스럽게 이야기하셨습니다.

"말수가 적어서 걱정이에요. 혹시 아이가 말 안 하면 어쩌죠?"

그런데 실제로 만난 아이는 달랐습니다. 작지만 또렷한 목소리로 차분히 자신의 이야기를 시작했습니다. 처음엔 조심스러웠지만, 시간이 지날수록 문장은 길어지고 목소리에는 힘이 실렸습니다. 아이의 눈은 점점 더 반짝이기 시작했습니다.

말을 잘한다는 건, 단지 유창함이 아니다

스피치 교육을 하다 보면 종종 부모와 교사가 바라보는 아이의 모습이 다를 때가 있습니다. 부모는 '우리 아이는 말이 워낙 없고…. 말을 잘 못 해서….'라고 걱정하지만, 실제 수업이나 상담에서는 생각보다 '자기표현'을 적극적으로 하는 아이들이 많습니다. 부모가 바라보는 '말'의 실력은 논리적 구조의 완벽함 혹은 유창함일 수 있습니다. 하지만 그걸 아이들이 가진 '말하기 실력'의 전부라고 할 수 있을까요? 그렇지 않다고 생각합니다.

말하기 실력을 논리와 유창함 등으로 단정 짓는다면, 말을 잘한다고 평가할 수 있는 아이는 얼마 되지 않을 것입니다. 그러한 기준으로만 아이를 재단하여 말을 못 한다고 단정 지으면 아이는 스스로 표현을 주저하게 되고, 반대로 말을 잘한다고 단정 짓는다고 하더라도 자칫 다양한 시도나 배움의 기회를 막을 수 있습니다. 즉 '나는 원래 말을 못 하는 아이야' 혹은 '나는 이미 말을 잘하는 아이야'라는 고정된 생각을 심어줌으로써 아이들에게 부정적인 영향을 미칠 수 있다는 것입니다.

아이들의 말하기 능력은 단순히 잘하고 못하는 문제가 아니라, 상호 작용 속에서 조금씩 자라나는 것입니다. 중요한 것은 평가가 아니라 표현을 자유롭게 끌어낼 수 있는 환경입니다. 심리 언어학자 브루너는 언어 발달에서 "상호 작용이 중심 역할을 한다."라고 설명하며, 아이가 언어를 습득하고 발전시키는 데에는 성인의 반응과 격려, 질문이 핵심 자극이라고 말합니다. 이처럼 아이가 많은 표현을 시도하고, 그 과정에서 실수도 하며 다양한 표현 경험을 쌓으며 성장할 수 있도록 돕는 것이야말로 진정으로 아이에게 필요한 스피치 교육의 출발점입니다.

상담실에서 피어난 아이의 표현력

스피치 상담은 길어야 15~20분 남짓. 그 짧은 시간 동안 아이가 스스로 말하고, 눈을 반짝이며 표현하는 것을 보면 부모님들도 놀라워하십니다. '어떻게 그런 표현을 했죠? 집에서는 그런 말 안 해요!'라며 감탄하기도 합니다. 그 비결은 간단합니다. 아이가 말할 수 있도록 눈을 바라보고, 기다려주며, 작은 표현에도 반응해 주는 언어적 환경을 만들어 주면 됩니다. "그랬구나! 그런데 어떻게 그렇게 표현할 생각을 했어?", "우와! 아이디어가 정말 좋네!" 같은 반응은 아이의 마음을 움직이고, 말문을 트이게 합니다.

말을 잘한다는 것, 결국 '이해받고 표현할 수 있는 힘'이다

말을 잘한다는 것은 단순히 '말을 많이 한다.'라거나 '완벽하게 한다.'라는 의미가 아닙니다.

자기 생각과 감정, 의도를 상대에게 효과적으로 전달할 수 있는 힘을 말합니다.

이 힘은 아이의 자존감과도 연결되어 있으며, 더 나아가 사회적 관계와 학습 능력에도 큰 영향을 미칩니다. 그 힘의 시작은 거창하지 않습니다. 바로 오늘, 엄마가 아이에게 건네는 한마디에서 비롯됩니다. 작은 반응 하나, 짧은 칭찬 하나가 아이의 언어적 성장을 돕는 씨앗이 됩니다. 오늘, 그 따뜻한 한마디를 건네보시기 바랍니다.

말 잘하는 아이로 키우는 엄마의 소통 습관

양질의 언어 환경, 거창하지 않아도 됩니다

1. 내향적이고 조용한 아이에게 효과적인 말
   → 말 자체보다 '말하려 한 노력'을 인정해줘야 힘을 얻는다는 것을 기억해야 합니다!
   "천천히 말해주니까 더 잘 들려서 좋다!"
   "말 안 해도 짐작은 했지만, 네가 직접 말해주니 더 좋다."
   "말해줘서 고마워. 네 마음이 전해졌어."
   "그 조심스러운 표현 덕분에 배려받는 기분이 들었어!"
   "혼자 생각만 할 수도 있는데 말로 표현해주니까 감동이다!"

2. 외향적이고 활달한 아이에게 효과적인 말
   → '표현 자체의 즐거움'을 인정해주면 더 의욕이 생깁니다!
   "와, 자신 있게 말하니까 더 멋져 보인다!"
   "네 얘기 듣고 나도 신나졌어! 말의 힘이 있구나~"
   "재미있게 말하니까 더 듣고 싶다!"
   "말로 분위기를 바꾸는 능력이 있구나~"
   "너의 말 덕분에 오늘 기분이 좋다!"

3. 신중하고 완벽주의적인 아이에게 효과적인 말
   → 준비한 걸 '정확히 표현한 것'에 대해 칭찬해주면 성취감을 느낍니다!
   "꼼꼼하게 말해서 들을 때 더 신뢰가 갔어."

"말할 내용 잘 정리했네. 준비한 티가 나!"
"듣는 사람 입장에서 딱 이해하기 쉬웠어."
"말하는 순서가 참 논리적이었어. 대단해."
"네가 스스로 만족했을 거야. 생각을 많이 했구나? 정말 감동했어."

4. 감성적이고 공감력이 풍부한 아이에게 효과적인 말
→ 말에 담긴 감정을 알아봐 주는 표현이 중요합니다!
"그 마음을 말로 표현해줘서 고마워."
"이렇게 다정하게 말해줘서 기분이 좋아."
"네가 느낀 감정을 말해줘서 나도 더 이해할 수 있었어."
"상대방을 생각하면서 말하는 게 느껴졌어."
"네 말 한마디 덕분에 마음이 따뜻해졌어."

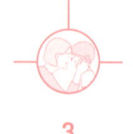

3
대화 환경이 표현력을 결정한다

"선생님, 우리 아이는요…. 친구들한테 먼저 말 걸기보단 조용히 있는 편이에요."

많은 부모들이 이런 고민을 가지고 상담을 찾아옵니다. 그런데 실제로 아이들과 수업을 해보면, 전혀 다른 얼굴을 발견하게 됩니다. 처음엔 조용했던 아이가, 스피치 활동이 반복되면서 조금씩 자신의 이야기를 꺼내기 시작하는 것입니다. 그러다 어느 순간, 말이 술술 나오는 '변화'가 생깁니다. 이러한 과정은 단순한 성격 변화가 아니라, '말하기 근육'이 자라는 과정이라고 생각합니다.

말은 말 속에서 자란다

심리 언어학자인 비고츠키는 언어가 '단순한 표현 수단을 넘어 사고를 촉진하고 구조화하는 도구'라고 설명했습니다. 이 이론을 바탕으로 생각해보면, 아이가 말을 자주 할수록 생각을 정리하는 힘도 자연스럽게 길러진다고 볼 수 있습니다. 말하는 과정에서 생각이 또렷해지고, 또 말하면서 새로운 생각이 확장되기도 하는 것입니다. 이처럼 말은 '자기표현'의 도구일 뿐 아니라, '사고력 발달'의 핵심 도구입니다.

또한, 언어는 반복을 통해 발달하는데, 언어심리학에서는 '언어적 유창성은 반복된 사용과 경험에서 강화된다.'라고 설명합니다. 즉, 아이가 자주 말할수록 말하는 능력 자체가 자연스럽게 향상된다는 것입니다. 말을 많이 한다고 해서 모두 달변가는 아니지만, 달변가가 되기 위해선 반드시 말을 많이 해야 합니다.

말하기에도 '기초 체력'이 있다

처음에는 말이 서툴고, 횡설수설하더라도 괜찮습니다. 중요한 건 아이가 '말할 기회'를 자주 갖는 것입니다. 말은 생각처럼 바로 늘지 않지만, 누적되는 경험은 반드시 결과로 이어질 수 있습니다. 아이는 자기가 한 말을 듣고 피드백을 받고, 다음 말을 준비하며 말하기의 순환 고리를 익히게 됩니다. 이 '언어의 근육'은 훈련을 통해 강해집니다.

[현장 리포트] 말을 전혀 하지 않았던 준호, 발표 왕이 되다!

초등학교 2학년 준호는 학교에서 거의 말을 하지 않았습니다.

친구가 "같이 놀자"라고 말을 걸어도 그저 고개를 끄덕이기만 했죠. 엄마는 "말은 분명히 할 줄 아는데, 학교에서는 입을 닫아요."라며 걱정스러운 얼굴로 스피치 학원을 찾아왔습니다. 첫 수업 날, 준호는 아이들의 자기소개가 이어지는 동안에도 친구들에게 한 번도 시선을 주지 않았습니다.

"준호야, 네가 좋아하는 건 뭐야?"

"……."

"혹시 강아지 좋아해?"

"…응."

간신히 나온 한 음절. 하지만 어느 날의 그 한마디가 교실의 공기를 바꿔놓았습니다. 친구들이 일제히 "나도 강아지 좋아해!"라고 외쳤고, 교실에는 작은 웃음이 번졌습니다. 그날 수업을 마치며 저는 속으로 다짐했습니다.

'이 아이가 언젠가 자기 이야기를 스스로 꺼낼 수 있게 해줘야겠다.'

그 후로도 준호는 대부분의 시간을 '듣는 사람'으로 보냈습니다. 하지만 매주 진행되는 발표 시간만큼은 빠지지 않고 자리에서 일어나 발표했습니다. 목소리는 작았지만, 친구들은 큰 박수를 쳐주었습니다. 그 박수는 '말한 용기'에 대한 진심 어린 인정이었습니다. 그렇게 몇 주가 지났을 무렵, 준호가 먼저 말을 꺼냈습니다.

"선생님, 오늘은 내가 먼저 해도 돼요?"

그 순간, 저는 속으로 '왔구나' 싶었습니다.

수업이 쌓이면서 준호의 말은 점점 길어졌습니다.

"오늘 학교에서 그림 그렸어요." → "오늘 학교에서 친구랑 그림 그리기 대회를 했는데, 제가 태양을 제일 크게 그렸어요!"

말에 억양이 생기고, 눈빛이 살아났습니다. 3학년이 되었을 때, 준호는 친구들 발표에도 "진짜 잘했어!", "그건 왜 그렇게 생각했어?"라며 자연스러운 반응을 보이기 시작했습니다. 그리고 5학년이 되었을 때, 준호는 학교 수행 평가에서 당당히 손을 들고 발표를 자원했습니다.

"처음에는 떨렸는데, 이제는 말할 때 재밌어요."

그 한마디에 담긴 미소는 그동안의 모든 노력을 증명하듯 빛났습니다. 이제 준호는 학원에서뿐만 아니라 학교에서도 '발표 왕'으로 불립니다. 하지만 그보다 더 중요한 건, 그가 '말로 연결되는 즐거움'을 알게 된 아이가 되었다는 사실입니다.

말 잘하는 아이로 키우는 엄마의 소통 습관

엄마가 만들어주는 자유로운 말하기 환경

말은 아이 혼자서 절대 늘지 않습니다. 누군가 들어주고 반응해 주는 환경이 꼭 필요합니다. 특히 가정에서의 대화 습관은 결정적입니다.

- 식탁에서 하루 있었던 일 이야기하기
- 그림책 읽고 느낀 점 말해보기
- 간단한 뉴스 보고 생각 나누기
- 드라마 속 인물에 관한 이야기 나누기

이런 일상 속 습관이 쌓이면 아이는 자연스럽게 표현력과 말하기 자신감을 얻게 됩니다. 아이가 말을 많이 하도록 유도하는 것이 아니라, 말이 나올 수밖에 없는 환경을 만들어주는 것이 부모의 역할입니다. 말하는 아이는 더 말하고 싶어질 것입니다. 말하는 것이 점차 자연스러워지면서, 말을 했을 때의 즐거운 경험들이 쌓이면 스스로 말하고 싶은 욕구가 샘솟기 때문입니다. 아이의 말문을 열고 싶다면, 오늘도 아이에게 질문을 던지고, 대화를 걸어보세요. 그 한마디가 아이의 평생 말하기 습관을 바꿀 수도 있습니다.

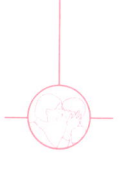

4
말의 재료가 곧 언어력이다

"말만 많고 내용은 없어."

예전 어른들이 자주 하던 말입니다. 그런데 요즘 아이들에게 이 말을 그대로 적용할 수 있을까요? 말을 많이 하는 아이들을 보면, 우리는 흔히 "빈 수레가 요란하네"라고 생각할 수 있습니다. 그런데 스피치 교육 현장에서 보면 오히려 그 반대로, 말을 많이 하는 아이일수록 '생각이 많고 표현할 거리가 많은 아이'인 경우가 훨씬 많습니다. 그 말 속에 들어 있는 생각과 정보, 감정의 내용은 연습과 교육을 통해 얼마든지 '깊이' 있게 발전시킬 수 있습니다. 오히려 문제는, 아이가 말할 거리 자체가 없는 경우입니다.

언어 표현력은 '인지력'과 '배경 지식'에서 출발한다

심리학자 피아제는 유아기의 사고 발달이 '구체적 경험'과 '인지적 자극'에서 비롯된다고 말합니다. 즉, 아이는 세상을 직접 보고, 듣고, 느끼며 사고 능력을 확장하고, 그 사고가 언어로 표현된다는 것입니다. 또한, 미국 심리 언어학자 퍼넬의 연구에서는 "아이들의 말하기 능력은 단순 언어 습득이 아니라, 배경 지식과 인지 구조 형성이 함께 이뤄질 때 더 빠르게 발전한다."라고 밝혔습니다. 즉, 말이 많은 아이들은 그 말 속에 담긴 이해력, 기억력, 연상력이 함께 작동하고 있는 아이인 것입니다. 결국, '재료가 있어야 말도 잘할 수 있다'라는 말로 정리할 수 있습니다.

[현장 리포트] 말이 짧은 민준이를 변화시킨 말하기 재료!

7세 남자아이 민준이는 대화가 짧았습니다.

"밥 먹었어?"

"응."

"누구랑 놀았어?"

"몰라."

엄마의 질문은 언제나 단답형으로 끝났습니다. 그럴수록 엄마는 더 조급해졌죠.

"제가 원래 말이 없어요. 아이도 저를 닮은 것 같아요. 아무리 물어봐도 대답이 없어요…."

상담실에서 엄마는 한숨을 내쉬며 이렇게 말했습니다. 하지만 아이와 첫 상담을 해보니, 상황은 조금 달랐습니다. 아이의 눈빛은 또렷했고, 관심 있는 이야기에는 미묘하게 입꼬리가 올라갔습니다. 다만 말할 '재료'가 부족한 아이로 보였습니다.

"민준아, 주말에 뭐 했어?"

"…그냥 있었어요."

"그냥 있었구나. 혹시 그 '그냥' 속에 재미있는 일은 없었을까?"

"…TV 봤어요. '동물 구조대' 나왔어요."

"오, 동물 구조대? 어떤 동물이 나왔어?"

"…북극곰요."

"북극곰이 나왔구나! 그 북극곰은 어떤 상황이었어?"

"…물이 없어서… 힘들었어요."

짧은 대화였지만, 민준이의 이야기는 점점 이어지기 시작했습니다. 그 순간 저는 확신했습니다.

"이 아이는 '할 말'이 없는 게 아니라, '꺼내줄 질문'이 부족했던 거구나."

그 후, 어머니와 작은 실험을 시작했습니다. '하루 한 권의 그림책을 읽고, 식탁에서 단 5분만 이야기하기'라는 실험이었습니다.

"오늘 책에 나온 동물 기억나?"

"그 동물은 왜 그렇게 행동했을까?"

"만약 네가 그 주인공이라면 어떻게 했을까?"

이 대화가 반복되자, 변화가 눈에 띄게 시작됐습니다. 민준이는 점차 엄마의 질문에 '생각'을 담아 대답하기 시작했습니다.

"아까 제가 그걸 말한 이유는요~"

"어제 책에서 봤는데요, 선생님도 그거 알아요?"

민준이의 말에는 이제 '정보'와 '의도'가 담긴 문장이 생겨났습니다. 짧던 말이 길어지고, 단답형 대답이 이야기로 변했습니다. 무엇보다 민준이의 눈빛이 달라졌습니다.

"선생님, 다음엔 제가 좋아하는 책으로 얘기해도 돼요?"

그날, 저는 다시 한번 깨달았습니다. 민준이는 말을 못 하는 아이가 아니라, 말할 '거리'가 없었던 아이였다는 사실을요. 민준이는 이제 스스로 말할 거리를 만들어가는 아이가 되었습니다. '아는 것이 말이 된다.'라는 말이 교실 안에서 생생히 증명된 순간이었죠.

말 잘하는 아이로 키우는 엄마의 소통 습관

아이와 함께 말하기 재료를 쌓아보세요!

1. 말하기 전에 먼저 경험하게 하세요.

    새로운 장소, 책, 다큐멘터리, 전시회, 심지어 동네 산책도 아이에게는 언어 재료가 됩니다.

2. 구체적인 정보를 이끌어내는 질문을 하세요.

    "오늘 뭐 했어?"보다는

    → "오늘 만든 그 종이 기차는 어떻게 작동해?"

    → "○○는 왜 그렇게 생각했을까?"

    질문이 구체적이면, 아이는 더 많은 걸 떠올려 말하게 됩니다.

3. 배경 지식을 쌓는 대화 노트 만들기

    아이와 함께 하루에 한 가지 '오늘 배운 것'을 적고, 그 내용을 아이 말로 요약하게 해보세요. 이는 생각을 정리하고 말로 풀어내는 훈련이 됩니다.

결국, 부모가 아이에게 줄 수 있는 최고의 말하기 교육은, 아이에게 생각할 거리, 말할 거리, 표현할 동기를 심어주는 것입니다. "빈 수레가 요란하다"라는 말, 이제는 옛말입니다. 아이에게 말하기의 재료를 채워주세요.

5

반복 훈련이 말하기를 완성한다

"저 아이는 타고났어요. 그냥 말을 술술 잘하더라고요."

부모님들이 종종 이런 말을 합니다. 말 잘하는 친구를 보면서 마치 그 아이는 선천적으로 '말하는 유전자'를 타고난 것처럼 느끼는 것입니다. 하지만 과연 그럴까요?

스피치 교육 현장에서 우리는 수많은 기적을 만납니다. 처음에는 고개를 숙이고 작게 속삭이던 아이가, 몇 달 뒤 누구보다 또렷하게 발표를 하거나, 먼저 말을 걸기 전까지는 한마디도 안 하던 아이가 쫓아다니며 이야기하는 수다쟁이가 되는 놀라운 기적들. 이 과정을 통해 분명하게 깨달은 것이 있습니다. 말하기 능력은 타고나는 게 아니라, 키워지는 것이라는 사실입니다.

스피치 능력은 '학습 가능한 기술'이다

심리학자 앨버트 반두라는 인간이 하는 대부분의 행동이 관찰, 모방,

반복적인 훈련을 통해 학습된다고 했습니다. 말하기 또한 마찬가지입니다. 명확한 목표 아래 꾸준한 연습과 피드백이 있다면, 누구나 충분히 향상시킬 수 있는 기술입니다. 실제로 발표 불안을 극복한 성인 사례에서도 '반복 연습'과 '자기 녹음 피드백'이 핵심 방법으로 활용됩니다. 또한, 언어 심리학자 레빈슨은 유창한 말하기가 뇌의 특정 회로(브로카 영역과 전두엽)를 반복 자극하며 발달한다는 점을 강조했습니다. 즉, 말을 연습하는 뇌는, 점점 말하기에 유리한 구조로 재편성되며 발달한다는 것입니다.

[현장 리포트] 훈련을 통해 달라진 수연이의 말하기!

초등학교 3학년 수연이는 원래 말을 좋아하는 아이였습니다. 손을 들고 이야기하는 걸 좋아했고, 친구들에게 자기 생각을 열정적으로 전하곤 했죠. 하지만 이상하게도, 수연이가 열정적으로 이야기할수록 듣는 사람들의 표정은 점점 무표정이 되었습니다. 친구들은 고개를 끄덕이기보다는 시선을 다른 곳으로 돌렸고, 수연이의 말이 길어질수록 교실의 공기도 조금씩 식어갔습니다. 수연이의 말하기 습관 때문이었습니다. 수연이는 말끝을 자주 흐리는 습관이 있었고, 말이 길어질수록 듣는 사람들은 집중하기가 어려웠던 것입니다. 또한, 말하기를 좋아하는 수연이였지만, 정말 말하고 싶은 내용일수록 더욱더 긴장해 표정이 굳어진 채로, 힘없는 목소리로 전달하고 있었던 것입니다. 말은 많았지만, 듣는 사람의 마음에 닿지 않는 말을 하고 있었던 수연이가 스피치 학원 문을 두드렸습니다. 첫날, 자기소개 시간. 수연이는 환하게 웃으며 말했지만, 그 미소는 입술에만 머물렀습니다.

"안녕하세요. 저는 수연이에요. 저는… 음… 친구들이랑 노는 걸 좋아하고요…."

표정은 밝지 않았고, 시선은 바닥을 향했으며 목소리는 작게 깔렸습니다. 그날 수업이 끝나고 저는 수연이에게 물었습니다.

"수연아, 혹시 네가 말할 때 다른 친구들이 어떤 표정을 짓는지 본 적 있어?"

"음… 아니요. 그냥 제 말만 했어요."

"그럼 다음 시간엔 '내가 말할 때 친구 표정이 어떻게 변하나?' 한번 관찰해보자."

그날 이후 수연이는 '상대의 반응을 보는 연습'을 시작했습니다.

또한, 단순히 말하기가 아니라, 표정과 시선, 목소리, 제스처를 함께 조율하는 수업이 이어졌습니다.

"수연아, 지금 말할 때 눈을 한 번만 더 크게 떠볼까?"

"네, 근데 조금 부끄러워요."

"괜찮아, 그게 바로 '자신감이 보이는 표정'이야."

선생님의 반응에 수연이는 조금씩 달라졌습니다. 감정에 따라 표정이 자연스럽게 변했고, 목소리에는 힘이 붙었습니다. 말투에도 높낮이가 생기면서, 듣는 사람이 '귀를 기울이는 말'이 되었죠. 몇 주 후, 수연이가 발표를 마쳤을 때 친구 한 명이 말했습니다.

"선생님 수연이 발표가 왜 이렇게 짧게 느껴져요?"

그 말을 들은 수연이의 얼굴에 환한 미소가 번졌습니다. 그리고 어느 날, 어머니께서 학원에 전화를 주셨습니다.

"선생님, 요즘 수연이랑 대화하는데요…. 선생님이랑 얘기하는 줄 알았어요."

그 말에 저는 미소를 지었습니다. 학습을 통해 익힌 말하기 방식이 일상 속에도 스며든 것이지요. 지금의 수연이는 친구들 앞에서도 당당하게 서서 이야기합니다.

"저는 말을 잘해요. 왜냐하면, 이제는 '듣는 사람'을 생각하며 말하니까요."

수연이는 이제 말을 '많이'만 하는 아이가 아니라, 말을 '전달할 줄 아는 아이'로 성장했습니다.

말하기는, 반복되는 작은 도전의 결과입니다

TED 무대에 서는 연사들도, 뉴스 앵커도, 모두 꾸준히 말하기를 연습합니다. 대본을 쓰고, 수없이 리허설을 하며, 자신을 모니터링하는 과정을 거칩니다. 아이들의 말하기도 마찬가지입니다. 반복 훈련과 따뜻한 격려가 있다면, 누구나 자신 있게 말하는 아이로 성장할 수 있습니다.

'우리 아이는 말을 못 해요'가 아니라, '아직 말할 기회가 충분하지 않았어요'라고 생각해보면 어떨까요? 말은, 연습할수록 자신감이 따라오는 기술이기 때문입니다.

말 잘하는 아이로 키우는 엄마의 소통 습관

집에서도 말하기 훈련을 시작하세요!

1. 말할 기회를 '무대처럼' 만들어주세요.

    가족회의, 역할극 놀이, 간단한 발표 시간처럼 아이가 중심이 되는 말하기 상황을 자주 만들어주세요. 여기서 중요한 것은 부모님이 먼저 그 무대에서 말하는 모습을 보여주는 것입니다. 부모님의 모습을 보며 아이들은 무대에서 말하는 것이 너무나 자연스러운 일이라는 것을 느끼게 됩니다. 또한, 무대에서 어떻게 말하면 좋은지를 자연스럽게 학습하게 될 것입니다.

2. 말하기 전 '준비 시간'을 주면 달라집니다.

    아무 말이나 하는 것이 아니라, 미리 머릿속으로 구성할 기회를 주는 것만으로도 표현력이 달라집니다. 어느 부분에서 어떤 표현을 강조해서 넣어볼지, 이 내용을 말할 때 목소리나 표정을 어떻게 보여주면 좋을지 아이디어를 내보는 것입니다. 단순한 '말하기'가 아니라 나의 '콘텐츠'를 만들어 볼 기회가 됩니다.

3. 녹음, 영상 피드백을 활용합니다.

아이가 직접 자신이 말하는 모습을 보고 들을 수 있게 해주세요. 어떤 말투나 억양이 더 자연스러운지, 어떻게 말하면 좋을지 그리고 아쉬운 부분은 어떤 것이 있는지 확인해볼 수 있습니다.

4. 작은 성취 경험을 만들어주세요.

성공적인 학습을 위해서는 무엇보다 동기가 필요합니다. 그리고 작은 성취 경험은 이러한 동기를 만들어내는 데 큰 역할을 합니다. 평소에는 잘 하지 않던 표현을 시도했을 때, 혹은 한 문장을 끝까지 또렷하게 말했을 때, 따뜻한 칭찬을 아끼지 말아 주세요. 이런 순간들이 아이에게는 큰 성취 경험이 됩니다. 작은 성취가 쌓이고 쌓여, 결국 더 멋지고 자신감 있는 말하기를 만들어내는 원동력이 되는 것입니다.

6

말하는 부모 아래서 아이는 성장한다

"저는 말을 잘 못 하는데, 우리 아이는 말 잘했으면 좋겠어요."

이런 말씀을 하시는 부모님들을 자주 만납니다. 부모의 겸손함일 수도 있지만, 실제로 부모 스스로 '말하기'에 자신이 없는 경우가 많습니다. 그런데 실제로 아이의 말하기 능력을 키우기 위해 가장 먼저 점검해야 할 사람은 누구일까요? 바로 아이의 부모입니다.

부모의 언어 사용은 아이의 언어 환경을 만든다

언어학자 하틀리&브릭스의 연구에 따르면, 아이의 어휘력과 표현력은 부모의 언어 사용 빈도 및 다양성과 밀접한 관련이 있습니다. 특히 0~6세까지 부모가 얼마나 다양하고 풍부한 말을 들려줬는지가 아이의 언어 능력의 '격차'를 만든다는 사실은 잘 알려져 있습니다. 또한, 사회학자 반슈타인은 '제한적 언어 코드'와 '정교한 언어 코드'를 통해, 가정에서 사용하는 말의 구조가 아이의 사고방식과 표현 능력을 결정짓는다고 보았습니다. 부모가 사용하는 언어 구조가 다양하고 논리적일수록, 아이도 그 영향을 받아 말의 깊이와 사고력이 향상되는 것이라고 할 수 있습니다.

말 잘하는 아이를 원한다면, 말하는 엄마가 되어주세요

아이에게는 교과서보다 부모의 말투, 말하는 태도, 질문 방식이 훨씬 더 강력한 교육이 됩니다. '엄마처럼 말하는 아이'는 결코 우연이 아닙니다. 완벽하게 말 잘하는 엄마가 될 필요는 없습니다. 다만 아이 앞에서 "적극적으로 말하고 표현하려는 태도"와 "귀 기울여 듣고 진심으로 생각하며 반응하는 자세"를 보여주는 것만으로도, 아이는 자연스럽게 말하기의 중요성과 가치를 배워갈 것입니다. 말 잘하는 아이는, 말하는 부모 밑에서 자랍니다.

말 잘하는 아이로 키우는 엄마의 소통 습관

아이의 본보기가 되어주세요!

1. 아이 앞에서 '생각을 말로 표현하는 습관'을 보여주세요.
   예: "이걸 이렇게 하면 더 좋을까?"
   "나는 지금 조금 긴장돼. 너는 어때?"
   "저 사람은 오늘 힘들어 보이네, 그렇지 않아? 어때?"

2. 아이의 말을 끝까지 들어주는 연습을 하세요.

말 중간에 끊지 않고 기다리는 것만으로도 아이는 '내 말이 중요하구나'를 느낍니다.

3. 비언어적 표현도 함께 연습해보세요.

말하는 톤, 표정, 제스처 등도 아이는 무의식적으로 따라 배웁니다.

4. '질문하는 엄마'가 되어보세요.

"왜 그렇게 생각했어?" "다르게 말하면 어떤 표현이 될까?"와 같은 질문은 아이의 언어 확장을 돕습니다. 처음에는 단순하고 제한된 질문으로 시작해, 점차 사고의 폭을 넓히는 확장된 질문으로 이어가면 좋습니다.

예:

1) 제한된 질문 → "이 그림 속에 뭐가 보여?" / "오늘 학교에서 가장 재미있었던 일은 뭐야?"
2) 조금 더 깊은 질문 → "그게 왜 재미있었을까?" / "만약 네가 주인공이라면 어떻게 했을까?"
3) 확장된 질문 → "다른 상황에서도 그렇게 생각할 수 있을까?" / "그 경험을 친구에게 설명한다면 어떤 말로 할래?"

CHAPTER
2

일상 속 스피치로 자연스럽게 말하기 실력을 키워라

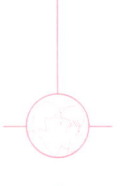

1

마음을 여는 첫 기술, 인사

[아이의 속마음 일기] 제목: 후회되는 아침

오늘도 교문 앞에 안전 도우미 선생님이 계셨다. 나는 그냥 고개 숙이고 지나갔다. 인사하고 싶은 마음이 없던 건 아닌데, 갑자기 하려니까 이상할 것 같아서… 오늘은 해보려고 했는데…. 내가 인사를 안 하니까 선생님이 나를 못 본 척하는 것 같기도 하고, 그냥 기분이 좀 그랬다. 다 지나고 나니 '할 걸 그랬다'라는 생각이 들었다. 다음엔… 해볼 수 있을까?

인사는 의사소통의 첫걸음

갓 돌이 지났을 무렵, 저희 아이는 점점 의사소통이 되기 시작했습니다. "목욕하자." 하면 작은 손으로 윗옷을 걷고, "밥 먹자." 하면 입맛을 다시는 모습이 정말 신기했죠. 10개월 무렵엔 할머니와 헤어질 때 손을 흔들며 빠빠이를 했어요. 가르쳐준 적도 없었는데 말이죠. 그 뒤로 '안녕하세요' '감사합니다' 같은 표현도 하나씩 배우기 시작했어요. 엄마가 먼저 고개를 꾸벅 숙이면 아이도 따라 하려는 모습이 보였고, 그렇게 '상대방과의 상호 작용'이 시작되었습니다. 바로 인사가 의사소통의 첫걸음이 되는 순간입니다.

하지만 스피치 교육 현장에서 인사를 어려워하는 아이들을 정말 많이 만납니다. 아이들은 "전 인사가 어려워요"라고 말하지 않아요. 대신 부모님이 이렇게 말씀하십니다.

"우리 아이가 인사를 잘 안 해요."

아이들은 인사를 안 하면서도 속으론 편하지 않습니다. "안전 도우미 선생님 앞을 지날 때 마음이 답답해요"라는 한 아이의 말처럼요. 그 아이는 인사를 하지 않아 마음에 찝찝함이 남았던 거예요. 아이가 인사를 어렵게 느끼는 이유는 이런 복잡한 생각 때문입니다.

"인사했다가 무시당하면 어떡하지?"

"갑자기 하면 어색하지 않을까?"

"내가 먼저 해도 되나?"

어른들도 낯선 상황에서 인사가 쉽지 않다는 걸 알잖아요. 그러므로 아이에게 인사를 강요하기보다는 인사의 좋은 점을 이야기하며 함께 연습하는 것이 필요합니다.

아이에게 인사에 대해 이렇게 말해주세요!

인사는 단순히 "안녕하세요."라고 말하는 것만이 아닙니다. 아이에게 이렇게 설명해보세요.

"인사는, 상대방에게 내가 마음을 열고 있다는 걸 보여주는 말이나 행동이야."

말로 하는 인사, 몸으로 하는 인사, 마음으로 하는 인사까지 모두 인사가 될 수 있습니다.

① [말로 하는 인사]

"안녕하세요!" / "고마워." / "잘 가~" / "오늘도 수고했어!"

② [몸으로 하는 인사]

손을 흔들기 / 고개 숙이기 / 하이파이브 / 환하게 웃어주기

③ [마음으로 하는 인사]

친구 옆에 조용히 앉아 있어 주기 / 말을 끊지 않고 기다려주기 / 헤어질 때 눈 마주치며 인사하기

④ [서로 간의 소통을 늘려주는 다양한 인사말]

"오늘 기분 좋은 하루 보내자!"

"아침에 봤는데 또 보니 반갑네?"

"기다려줘서 고마워!"

"기분 좋아 보여서 나도 좋다!"

"오늘도 수고 많았어~"

인사는 단지 "안녕하세요."라고 말하는 게 아니라, 상대방에게 마음을 열고 싶다는 작은 신호입니다. 가볍게 건넨 인사 한마디로 관계가 열리고, '괜찮은 사람'이라는 인상도 줄 수 있지요. 그 시작을 어렵게 만들기보다는, 즐겁게, 자연스럽게, 반복적으로 경험시켜 주세요. 그러면 어느 순간 인사가 부담스러운 숙제가 아니라 마음을 표현하는 즐거운 습관으로 자리 잡을 것입니다. 오늘, 바로 지금! 아이에게 이렇게 인사해보는 건 어떨까요? "엄마 책 다 읽었어~ 너는 뭐 하고 있었어?"

보라쌤과 솔지쌤의 실전 팁

'인사 말하기' 지도 4단계

[1단계] 인사는 쉬운 게 아니라는 걸 함께 인정해주세요.

(O) 부모도 아이에게 솔직하게 말해주세요:

"엄마도 아까 엘리베이터에서 인사하려고 고민했어. 근데 하고 나니까 괜히 기분 좋더라."

※ 인사는 어색할 수 있지만, 하고 나면 뿌듯한 감정이 생길 수 있다는 걸 자연스럽게 알려주세요.

[2단계] 인사를 숙제처럼 만들지 마세요.

(X) 이렇게 하지 않기

선생님: 오늘 수고 많았어~ 잘 가~

엄마: 안녕히 계세요 해야지~

아이: …

엄마: 얘가 이렇게 인사를 안 해요~

※ 이렇게 반복되면 아이는 인사를 '하고 싶어도 못 하는 일'처럼 느낄 수 있어요. 그러면 인사는 부끄러운 감정과 연결되어 어렵고 힘든 일이 되어버립니다.

[3단계] 인사의 좋은 점을 경험하게 해주세요.

(엘리베이터에서)

엄마: 안녕하세요~

이웃: 안녕하세요~ (내린 후)

엄마: 엄마도 처음 보는 분이라 어색했는데, 인사하니까 이웃 중에 내 편이 하나 생긴 느낌이네!

※ 인사를 하고 난 후의 기분을 함께 말로 표현해주세요:
  "기분이 후련하다!"
  "인사하니까 친해진 것 같아~"
  "내가 먼저 말 거니까 엄마 멋있었지?"

[4단계] 놀이처럼 자연스럽게 상황극으로 연습해보세요!

① 엘리베이터에서 엄마 친구를 만났을 때

　　엄마: 어머! 주영이 엄마! 어디 가?

　　친구 엄마: 운동하러 가는 중이야~ 네가 주영이구나~

　　아이: 안녕하세요!

　　친구 엄마: 아이고~ 인사도 씩씩하게 잘하네!

　　아이: 감사합니다!

② 학교 끝나고 친구를 근처에서 만났을 때

　　아이: 어! 민지야~ 여기서 또 만나니까 반갑다!

　　친구: 어! 어디 가?

　　아이: 나 학원 가는 길이야~ 잘 가!

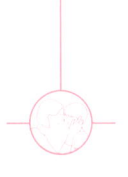

2
경청은 말하기의 바탕이 된다

[아이의 속마음 일기 1] 제목: 이상하게 기분이 좋았던 날

  오늘 아침에 학교에서 이상한 꿈 꾼 얘기를 친구들한테 말하려고 했는데 다들 바빠 보이고 관심 없어 보여서 그냥 말 안 했다. 근데 선생님이 우연히 내 옆에 오셔서 "무슨 얘기를 그렇게 하고 싶었어?" 하고 물어보셨다. 나는 망설이다가 꿈 이야기를 살짝 꺼냈는데 선생님이 진짜 진지하게, 눈을 맞추면서 "그래서 그다음엔 어떻게 됐어?" 하고 물으셨다. 그 순간 너무 신기하고 기분이 이상했다. 내가 한 말이 별로 중요하지 않은 줄 알았는데, 선생님은 마치 내가 아주 중요한 말을 하는 사람인 것처럼 들어주셨다. 그래서 용기가 나서 꿈 얘기를 끝까지 다 했고 선생님은 웃으면서 "정말 상상력이 풍부하구나~" 하고 칭찬해주셨다.

  그때 기분이 어땠냐면… 진짜 어른 한 명이 나를 '진짜 사람'처럼 대해준 느낌? 그게 참 좋았다. 앞으로도 누군가 내 얘기를 이렇게 들어줬으면 좋겠다. 그리고 나도 누가 말할 때 이렇게 들어줄 수 있는 사람이면 좋겠다는 생각이 들었다.

[아이의 속마음 일기 II] 제목: 이상하게 우울했던 날

오늘은 조금 속상한 일이 있었다. 학교에서 진짜 웃긴 일이 있어서 엄마한테 말해주려고 하던 중이었다. 근데 내가 얘기 시작하자마자 엄마가 스마트폰을 보면서 "응, 그래~" 하는 거다. 나는 엄마가 웃을 줄 알았는데 그냥 고개만 끄덕이고 화면만 계속 봤다. 그 순간 말하기가 싫어졌다. 얘기해도 진짜로 듣고 있지 않은 것 같아서. 그냥 "아니야, 별거 아니야!" 하고 말 끝냈다. 근데 그게 자꾸 생각난다. 엄마는 내가 한 얘기 기억도 못 할 것 같다. 내가 재밌게 얘기해주려고 했던 건데…. 엄마가 내 눈을 보면서 웃어줬으면 좋았을 텐데. 그랬으면 나도 기분이 좋았을 텐데. 다음엔 엄마가 진짜로 내 말 들어줬으면 좋겠다. 그냥 잠깐이라도 나만 봐줬으면 좋겠어.

말 잘하는 능력은 듣는 것부터 시작됩니다

넓은 강의실에 강의를 들으러 갔다고 상상해보세요. 당신은 어디에 앉고 싶으신가요? 창밖이 보이는 자리? 딴짓해도 눈에 덜 띄는 뒷자리? 아니면 선생님과 눈을 마주치며 집중할 수 있는 맨 앞자리? 저는 늘 망설임 없이 맨 앞자리를 선택하는 사람이었습니다. 공부를 특별히 잘했던 건 아니지만, 선생님의 이야기를 듣고 싶고, 소통하고 싶어서 그 자리에 앉았던 기억이 납니다. 지금 돌이켜보면, 제가 그렇게 '듣는 사람'이 된 건 어릴 적부터 엄마가 제 말을 진심으로 들어줬기 때문입니다. 유치원에 다닐 때, 제가 있었던 일을 이야기하면 엄마는 꼭 눈을 맞추고 고개를 끄덕이며 들어주셨습니다. 그때의 따뜻한 기억들이 쌓여 저도 선생님 말씀을, 친구 이야기를 '잘 들어주는 아이'가 되었던 것 같습니다.

경청 능력, 아이의 평생 자산이 됩니다

아이의 말을 진심으로 들어주는 순간, 그 아이는 자신이 존중받는 존재라는 걸 깊이 느낍니다. 그렇게 자란 아이는 친구와의 관계에서도, 선생님과의 수업에서도, 나중에 사회인이 되었을 때도, 신뢰받는 사람이 될 수 있습니다. 그리고 어느 날, 그 아이가 부모가 되었을 때 지금 부모님이 보여준 그 경청의 모습을 자기 아이에게도 자연스럽게 보여줄 것입니다. 눈을 마주치고, 고개를 끄덕이며, "응, 그랬구나." 하고 말해주는 그 순간이 아이에게는 세상에서 가장 따뜻한 위로가 됩니다. 오늘부터 딱 1분, 아이가 말을 꺼낼 때 스마트폰을 내려놓고 눈을 바라봐주세요. 그 1분이 아이 인생을 바꿀 수 있습니다.

보라쌤과 솔지쌤의 실전 팁

아이와 함께하는 일상 속 경청 연습

1. 비언어적 경청
- 눈을 마주치고 대화하기
- 감정에 공감하는 표정 짓기
- 고개를 끄덕이며 반응하기

아이는 "엄마가 내 말에 관심이 있어."라는 걸 표정과 자세로 느낍니다.

2. 언어적 경청

언어적 경청은 아이가 말할 수 있도록 용기를 북돋아 주고, 흐름을 이어주는 역할을 합니다. 부모가 단 한 마디만 잘 건네도, 아이는 "계속 말하고 싶다"라는 생각이 들어요.

① 긍정적인 추임새 10개

아이가 말하는 중간중간 따뜻한 리액션을 넣어주세요. 단순히 듣기만 하는 것보다, 반응이 있는 대화가 아이를 더 활짝 열게 합니다.
예: 우와~ / 정말? / 그랬구나! / 그래서 어떻게 됐어? / 대단하다! / 멋지다~
엄마는 몰랐는데, 너는 잘 알고 있었네! / 신기하다! / 계속 말해줘~ / 알려줘서 고마워!

② 경청 멘트 10개

아이가 한 이야기를 더 깊이 이어갈 수 있도록 돕는 말이에요. 아이의 말에 관심을 두고 있다는 느낌을 주면 말하기는 자연스럽게 확장됩니다.

예: 그 얘기 너무 재밌다! / 다음엔 어떤 일이 있었어? / 네 말 들으니까 궁금해진다~
엄마도 그런 적 있어, 너 마음이 이해돼. / 오늘 이야기 중에 제일 재밌는 얘기였어!

그 상황에서 네가 참 대단했다. / 그 얘기 들으니까 엄마도 기분이 좋아졌어. 너는 참 이야기를 재미있게 잘해. / 지금 말해줘서 엄마는 너무 좋다. 네가 이렇게 말해주니까 엄마가 마음이 따뜻해져.

③ 아이의 말을 끊지 않기

아이가 말하는 흐름을 존중해주세요. 말을 끊으면 '중요하지 않구나'라고 느끼고 더 이상 말하고 싶어 하지 않을 수 있어요.

예: 아이: "오늘 민재가 말이야…."

X 엄마: "오늘 숙제는 다 했니?"

O 엄마: "민재가 뭐라고 했는데? 계속 말해줘~"

④ 평가보다 공감 먼저!

아이의 감정에 옳고 그름을 따지기보다, "그럴 수 있지", "엄마도 그런 기분 느껴본 적 있어."라고 공감해주세요.

예: 아이: "학교 가는 게 좀 걱정돼…."

X 엄마: "그런 마음으로 세상을 어떻게 살아?"

O 엄마: "그럴 수 있어. 엄마도 학교 가기 전날 밤이면 마음이 싱숭생숭했어."

3

감정 표현이 표현력의 출발점이다

관계의 시작이자 핵심인 감정 표현

딸 아이의 공개 수업을 다녀온 날이었습니다. 수업 주제는 '감정'이었고, 게임처럼 흥미롭게 진행되었죠. 아이들이 돌아가며 쪽지를 뽑고, 거기에 적힌 감정을 말이나 표정으로 표현하면 다른 아이들이 맞추는 식이었어요. 슬픈, 화난, 우울한, 행복한, 놀란, 뿌듯한, 기대되는… 아이들이 감정 단어를 참 많이 알고 있는 것 같아 놀랐어요. 정답도 눈 깜짝할 새에 맞추고요. 제 딸도 열심히 참여했고, 정답도 척척 맞혀서 괜히 제 어깨가 으쓱했답니다. 그런데 한편으론 궁금해졌습니다.

"아이들이 저렇게 다양한 감정 단어를 어떻게 잘 알 수 있을까?"

조금 후, 한 아이가 어려운 감정을 설명하자 아이들이 일제히 책상 위에 붙은 감정 단어 표를 쳐다보며 대답했어요. 그제야 이해가 됐죠. 아이들은 감정을 '느낄 수는 있어도', 그 감정을 표현하는 '단어'를 모르면 표현이 어렵다는 것을요.

[아이의 속마음 일기]

제목: 기분이 나쁘다는 거로는 부족했던 날 (기분 나쁨X100)

오늘 학교에서 좀 기분이 이상했다. 쉬는 시간에 민재랑 놀기로 했는데 민재가 갑자기 다른 친구랑 먼저 가버렸다. 나도 모르게 마음이 푹 꺼진 것 같았고, 그냥 아무 말 안 하고 자리로 돌아왔다. 내가 뭘 잘못했나? 화가 난 건가? 슬픈 건가? 그냥…. 좀 서운하고 섭섭하고 속상한데, 그게 어떤 기분인지 딱 말로 설명할 수가 없었다. 민재가 "왜 그래?" 하고 물었을 때 "아무것도 아니야."라고 해버렸다. 진짜 아무것도 아닌 건 아닌데…. 그냥 뭐라고 말해야 할지 몰라서 입이 딱 막혀버렸다. 집에 와서 엄마가 "학교 어땠어?"라고 물어봤는데 나도 모르게 "재미있었어"라고 해버렸다. 사실은 재미없었고 속이 답답했는데 말 꺼내는 게 괜히 어색하고 눈물 날까 봐 그냥 넘겼다. 감정을 말로 표현하는 거…. 참 어렵다. 그냥 마음속에만 두면 언젠가는 사라질까? 근데 자꾸 생각나고, 또 속이 좀 무거운 느낌이 든다.

내일은 민재랑 괜찮게 지낼 수 있었으면 좋겠다. 그리고 나도 내 마음을 말할 수 있는 사람이 되면 좋겠다.

이렇게 아이는 자신이 어떤 감정을 느끼고 있는지도 알고 있습니다. 하지만 그 감정을 '어떻게 표현해야 할지'를 몰라서 마음을 닫아버리기도 합니다. 그 순간 누군가 "그럴 수 있지" 하고 다정하게 말해줬다면,

아이의 마음도 훨씬 가벼워졌을 겁니다.

감정 어휘부터 확장해봅시다

어른인 우리도 감정을 표현하는 게 쉽지 않습니다.

"짜증 나", "기분 나빠", "행복해", "고마워"…

이 정도로만 말하는 경우가 많습니다. 하지만 감정을 표현하는 단어는 훨씬 많답니다.

"실망스러워, 섭섭해, 들떠, 안심돼, 부끄러워, 뿌듯해…"

이렇게 다양한 감정 단어를 아이와 함께 알아가고, 일상에서 자주 써보는 것부터 시작해보세요. 감정 어휘는 연습하면 늡니다. 그리고 이건, 아이에게 물려줄 수 있는 아주 좋은 습관입니다.

왜 감정 말하기가 중요할까요?

1) 부정적인 감정도 말해야 해요

감정을 억누르기만 하면 마음속에 쌓이게 되고, 언젠가는 폭발할 수 있습니다. "속상해", "실망했어", "불안해" 같은 감정 표현은 마음의 배출구입니다. 말하는 것만으로도 감정이 해소되기도 하기 때문입니다.

2) 긍정적인 감정도 자주 나눠야 해요

"행복해", "기대돼", "너무 재밌었어" 같은 말은 자연스럽게 공감과 칭찬으로 이어집니다. 긍정적인 말이 오가는 집은, 따뜻한 공기가 흐릅니다.

감정 표현은 마음 건강의 첫걸음입니다.

감정은 단순히 '좋다', '나쁘다'로 나눌 수 없습니다. 그사이에 수많은 감정이 있고, 그 감정을 아이가 말로 풀어낼 수 있다면 마음도 더 건강해질 수 있어요. 감정을 표현하는 능력은, 친구 관계를 맺고, 자신을 이해하고, 남을 공감하는 데에도 꼭 필요한 힘이 됩니다. 오늘부터라도, 엄마인 나부터 "내 마음을 더 잘 표현해보는 연습"을 시작해보면 어떨까요? 그 모습을 본 아이는 자연스럽게 따라올 거예요. 그게 바로 우리가 아이에게 줄 수 있는 아름다운 대물림이니까요.

일상에서 감정 말하기 기회를 많이 만들어주세요!

스피치 학원 아이들과 이야기하다 보면 참 재미있습니다. 자신의 감정을 정확하게 표현하는 아이들은 말할 때도 더 풍부하고, 자신 있게 이야기하거든요. 어느 날, 아이들에게 "엄마랑 주로 어떤 대화를 해?" 하고 물었습니다. 그랬더니 한 아이가 이렇게 말했습니다. "저희 엄마는 꼭 '오늘 애들 학교 다 왔어?' 물어봐요. 그리고 '점심 뭐 나왔어?'도 꼭 물어보세요." 그러자 다른 아이들이 웃으며 "맞아요~ 우리 엄마도 그래요!" 하고 말하더라고요. 우리 대화가 대부분 정보 확인에 머무르고 있진 않은가, 그 순간 저도 돌아보게 되었습니다.

보라쌤과 솔지쌤의 실전 팁

감정 표현 습관 들이기 프로젝트

1. 감정 단어를 익숙하게 만들기

  1) 감정 어휘 카드나 포스터를 눈에 보이는 곳에 붙여둡니다.
   예: 냉장고, 공부방, 식탁 옆
   (예시 단어: 실망했어요 / 수치스러워요 / 감동받았어요 / 기대돼요)
   하루에 한 단어씩 골라보며 "이런 기분, 오늘 느꼈어?"라고 물어보세요. 아이가 생각을 정리하는 연습이 됩니다.

  2) '감정 표현 도서' 같이 보기
   아이가 감정을 이해하고, 말로 표현하는 데 큰 도움이 됩니다. 함께 읽는 것에서 그치는 것이 아니라, "너라면 어땠을 것 같아?" "주인공은 어떤 마음이었을까?" "왜 이런 마음이 들었을까?" 등의 질문을 던지며 이야기를 나눠주세요.

2. 감정 말문을 여는 질문 사용하기

  정보성 질문 대신, 감정 중심 질문을 건네보세요.
  X "오늘 학교 어땠어?", "점심 뭐 나왔어?"
  O "오늘 기분 좋았던 일 하나만 말해줄래?",
   "오늘 속상한 일 있었어? 어떤 느낌이었을까?"

3. 엄마, 아빠가 먼저 감정을 말해요

  아이가 감정을 말하려면, 먼저 누군가의 '모델'을 봐야 합니다.

"나는 오늘 조금 답답했어. 할 일이 많아서 그랬나 봐."
"오늘 네가 웃을 때 보니까 나도 기분이 좋아졌어!"
부모가 감정을 말로 표현하는 걸 매일 들으면, 아이도 자연스럽게 배울 수 있습니다.

4. 하루 중 감정을 나누는 '작은 루틴' 만들기

하루 한 번 '감정 돌려 말하기' 시간을 정해보세요. 식사 시간, 자기 전, 산책하면서 등 부담 없이 시작해 볼 수 있습니다.

예: "오늘 가장 행복했던 순간은?"
　　"오늘 나를 살짝 속상하게 만든 일은?"
　　"오늘 내가 제일 웃었던 일은?"

※대답을 강요하지 말고, "엄마는 이런 일이 있었어~" 하며 자연스럽게 흘러가게 해주세요.

5. 감정을 기록해보는 습관 만들기

'감정 일기' 또는 '마음 그림일기'를 활용해보세요. 말로 표현하기 어려운 아이는 글이나 그림이 도움이 됩니다.

→ "오늘 가장 기분 좋았던 장면 그려볼까?", "마음 날씨를 그림으로 표현해볼까?"

4

눈맞춤은 아이의 마음을 연다

눈빛 하나에 마음이 열릴 수 있습니다

2010년 뉴욕 현대미술관에서 열린 전시 중, 《예술가가 여기 있다》라는 전시가 있었습니다. 행위예술가 마리나 아브라모비치가 관람객과 아무 말 없이 눈을 마주치는 전시였습니다. 하지만 놀랍게도 그 눈맞춤만으로 누군가는 울었고, 누군가는 웃었고, 누군가는 마음속 이야기를 꺼냈다고 합니다. 그들이 입을 모아 말한 건 단 하나. "그 눈빛 안에 내가 존재한다는 걸 느꼈어요." 눈맞춤은 집중 받는 감정, 존중받는 감정을 가장 직접적으로 전달해주는 비언어적 소통입니다. 우리 아이에게도, 이 눈빛의 힘을 매일 선물해주세요.

[아이의 속마음 일기] 제목: 내 마음이 열렸던 날

오늘 숙제하다가 모르는 문제가 나와서 속으로 짜증이 났다. 엄마한테 말하면 혼날 것 같아서 그냥 참고 있었는데, 엄마가 내 방에 와서 말

없이 내 앞에 앉았다. 그리고 조용히 나를 바라보더니, 살짝 웃으면서 "많이 어려워 보여"라고 했다. 그 눈빛이 너무 따뜻해서 그 순간 말하고 싶어졌다. 그래서 나도 모르게 "엄마, 이거 어떻게 풀어?"라고 말이 나왔다. 엄마는 가르치려 들지 않고, 그냥 내 얘기를 들으면서 고개를 끄덕였다. 그때 처음 느꼈다. '엄마가 나를 바라봐주기만 해도 내 마음이 풀릴 수 있구나.' 하고. 엄마가 늘 내 곁에서 눈 맞춰주면 좋겠다.

눈빛 하나가 아이의 마음을 엽니다

눈맞춤은 가장 짧고도 가장 따뜻한 연결입니다. "아이와 대화를 잘하고 싶어요."라고 묻는 엄마들에게 이렇게 말합니다. "먼저 아이의 눈을 매일 1초씩 더 바라보세요." 그 1초가, 아이에게는 "나는 소중한 사람이구나"를 느끼게 합니다. 그리고 그 감정은 언젠가 아이에게 말하기 자신감과 표현력의 뿌리가 됩니다. 오늘 하루 중 단 3번이라도 아이와 눈을 마주치며 "응, 듣고 있어"라고 말해보세요. 아이의 마음이, 생각보다 훨씬 더 쉽게, 엄마의 눈을 따라 활짝 열릴지도 몰라요.

── 보라쌤과 솔지쌤의 실전 팁 ──

엄마가 먼저 실천하는 '눈맞춤 대화법'

1. 대화의 시작은 '눈'으로 먼저 하기

아이가 말을 걸었을 때, 먼저 눈을 들어 아이를 바라보세요. 손에 들고 있던 스마트폰, 하던 집안일은 잠시 멈춰도 괜찮습니다. 말보다 먼저 아이를 보는 그 순간이, 아이의 마음을 열어줍니다. 눈을 마주치는 것만으로도 아이는 "엄마가 나한테 집중하고 있어"라고 느낍니다.

2. 눈맞춤 습관을 자연스럽게 만드는 일상 루틴 7가지

눈맞춤은 일부러 훈련하지 않아도, 일상 속 짧은 순간들을 활용하면 자연스럽게 습관화됩니다. 아래 상황 중, 하루에 단 1번만 해보는 것부터 시작해도 좋습니다.

* 아이와 눈맞춤 미션 수행하기 - 상황 7가지
 1) 이름 부를 때
 2) 대화를 시작할 때
 3) 간식이나 음식을 챙겨줄 때
 4) 학교나 학원에서 돌아왔을 때 인사할 때
 5) 잘 자요, 잘 가요 등 인사할 때
 6) 아이와 눈높이를 맞췄을 때
 7) 감정을 읽어줄 때 ("속상했구나", "기분 좋았겠다" 등의 감정을 말할 때 눈을 보며 말하기)

3. 눈-입 연결 루틴 만들기

말을 잘하는 아이들은 '눈으로 보고, 입으로 전하는 힘'을 가지고 있어요. 이를 위한 핵심 루틴이 바로 눈-입 연결 루틴입니다.

① 마지막 한 단어는 눈을 보며 말해요!

아이가 문장을 말할 때, 마지막 단어나 문장 끝에서 눈을 마주치게 해보세요.

예: "오늘 체육 시간에 축구 경기를 했어!"

"나는 파란색을 제일 좋아해!"

※ 입이 움직일 때 눈이 따라가는 연습을 통해 발표 시 자연스럽게 시선이 살아납니다.

② 하루 한 줄 눈맞춤 스피치

식사 시간이나 자기 전, 하루 중 있었던 일을 한 줄 발표하기 미션을 수행합니다. 이때 반드시 눈을 최소 한 번 이상 마주치며 말해야 합니다.

예: "오늘은 급식이 너무 맛있었어."

"체육 시간에 처음으로 줄넘기 30개 넘었어!"

※ 눈을 보고 말하는 습관은 발표력의 가장 기본이 됩니다.

③ 책 읽기 후 눈맞춤 리포트

아이가 책을 읽은 뒤, 내용을 요약하거나 느낀 점을 눈을 마주치며 말하게 해보세요.

예: (책 읽기) "토끼는 새와 함께 숲을 걸었어요."

(눈 보고 말하기) "이 부분이 난 좋아. 친구랑 같이 걷는 게 기분 좋아 보여."

※ 읽은 내용을 전달하는 힘은 발표력으로 연결됩니다.
※ 눈 리액션 칭찬으로 루틴 강화하기
 "방금 눈 보면서 말해서 엄마가 더 잘 들렸어!"
 "너 발표할 때 눈빛이 진짜 반짝인다!"
  → 아이는 눈을 마주치며 말하는 게 칭찬받을 일이라는 걸 몸으로 느끼게 됩니다.

5

경험을 조리 있게 말하는 힘 길러주기

[아이의 속마음 일기] 제목: 말하고 싶은데, 정리가 안 되는 날

오늘 학교에서 진짜 신기한 일이 있었는데… 친구들한테 말하려니까 생각이 잘 안 났다. 누가 먼저 말 걸어서 그런가? 아니면 내가 말할 준비가 안 됐던 걸까? 머릿속엔 그림처럼 다 있었는데 말로 하려니까 순서가 헷갈리고 결국 "아니야, 그냥 별거 아니니깐 말 안 해도 돼"라고 친구들에게 말하고 말았다. 속상했다. 다른 친구들은 말을 술술 잘하던데…. 나는 왜 말을 꺼내기만 하면 다 엉키는 걸까?

내가 겪은 경험을 구조화하는 힘 - 조리 있게 말하기

"오늘 학교에서 무슨 일 있었어?" "아니, 없었어." 이런 대화, 아이와 한 번쯤은 해보셨을 것입니다. 아이의 하루가 궁금한데 막상 돌아오는 대답은 한마디뿐. 사실 우리 아이가 말을 안 하는 게 아니라, 정리해서 말하는 게 어려운 것일 수 있습니다. 조리 있게 말하는 능력은 단순히 말을 잘하는 게 아니라, 내가 겪은 경험을 구조화해서 전달하는 힘이에요. 이건 발표력, 글쓰기, 관계 맺기까지 두루 영향을 미치는 아주 중요한 기술입니다.

아이의 하루를 들어주는 진심을 보여주세요

아이의 말이 엉성해도 괜찮습니다. "그래서?", "결론이 뭐야?" 대신, "응~ 계속 얘기해줘", "그다음엔 어떻게 됐어?" 같은 말로 기다려주세요. 조리 있게 말하는 능력은 당장의 유창함이 아니라, 경험을 꺼내고 정리해서 전달하려는 반복의 시간에서 자랍니다. 그리고 가장 중요한 건, 아이의 하루가 엄마에게 얼마나 소중한지를 아이가 느끼게 하는 일입니다. "네가 말해주면, 엄마는 그 하루를 함께 사는 기분이야." 이 한마디로 아이의 말하기는 바뀔 수 있을 것입니다.

아이와 함께하는 '조리 있게 말하기' 훈련 3단계

1. 하루 한 장면부터 말하게 하기

처음부터 기승전결을 완벽하게 말하길 기대할 순 없습니다. 중요한 건 말문을 열게 해주는 출발점을 찾는 것이죠. "오늘 하루 중 제일 기억에 남는 일은 뭐야?" / "오늘 기분 좋았던 순간 하나만 말해줄래?" / "누구랑 있었던 일이야?" 이렇게 질문을 단순하게 던지면, 아이는 자기 안에서 말하고 싶은 '한 장면'을 꺼낼 수 있게 됩니다. 말하는 장면이 조금

엉성하고 앞뒤가 안 맞아도 괜찮습니다. "어? 그건 왜 그랬을까?", "그 다음엔 어떻게 됐어?" 이런 가벼운 리액션이 아이에게는 큰 격려가 됩니다.

그리고 가장 중요한 건, 있었던 일을 말하는 '습관'을 만들어주는 것이죠. 오늘 하루 있었던 일을 말할 때, 처음부터 기승전결에 맞추어 조리 있게 말하는 아이는 없습니다. 어른도 표현하기 어렵잖아요. 그러니 대표적인 사건 하나, 오늘의 감정 하나, 혹은 누구와 있었던 일이었는지만 말해도 충분합니다. 또한, 아이가 이야기를 꺼냈을 때는 리액션이 정말 중요합니다. 작고 사소한 이야기라도 흥미진진하게 반응해 주는 것, 조금 허술한 이야기라도 재미있게 들어주며 뒷이야기를 궁금해해 주는 것만으로도 아이는 스스로 더 말하고 싶어져요. 그리고 덧붙여, 엄마의 비슷한 에피소드를 들려주며 마무리해 보세요. 아이 마음엔 "아, 이런 이야기는 이렇게 말할 수 있구나!"라는 감각이 쌓이게 됩니다. 하루 중 5분~10분 정도, 가족들과 함께 하루의 이야기를 나누는 시간을 고정적으로 만들어주는 것도 좋은 방법이 될 것입니다.

2. 좋은 질문으로 조리 있게 말하는 능력 키우기

대화 중 질문은 리액션입니다. 질문으로 아이의 말을 끌어내기도 하고, 스스로 정리하게 도와주기도 하죠. 하지만 아래와 같은 질문은 오히려 말문을 닫게 만들 수 있어요. "그 친구는 왜 그랬어?" / "너는 왜 그렇게 말 안 했어?" / "그건 왜 못 고쳤어? 자주 그래?" 이런 질문은 아이에게 오늘 하루를 평가받는 느낌을 줄 수 있습니다. 부모가 아이의 하루를 듣고 싶은 이유는 단 하나, 무슨 일이 있었고, 어떤 감정을 느꼈는지 궁금해서예요. 그렇다면 정답을 찾는 듯한 질문보다는, 아이가 스스로 느낀 감정을 끌어낼 수 있는 질문이 훨씬 효과적이겠죠? 그럴 땐 이렇게 질문해보세요. "그 친구는 그때 어떤 표정이었어?" / "너는 그때 마음이 어땠어?" / "만약 다시 그 상황이 온다면 뭐라고 하고 싶어?" 감정 중심, 상황 중심 질문은 아이가 스스로 자신의 경험을 구조화하게 도와줍니다. 아래는 실제 대화 예시입니다.

3. 말하기 흐름을 만들어주는 '틀' 만들기

말을 정리해서 하는 건 훈련이 필요한 능력입니다. 생각은 흩어져 있지만, 말은 순서가 필요하기 때문입니다. 또한, 말을 정리하는 힘은 논리적 사고력과 연결되는데 이 논리적 사고력은 반복으로 자라게 됩니다. 그뿐만 아니라 훈련 없이 말하게 되면 자기 머릿속 생각만 쏟아내기 쉽습니다. 그러므로 말을 정리하는 연습을 통해 상대가 이해하기 쉽게 전달하는 법을 배우고, 이는 곧 소통능력으로 이어집니다.

① 시간 순서 말하기
　　하루를 아침 → 점심 → 오후 순으로 하루 정리하기

예시: "처음엔 뭐 했고, 그다음엔 뭐 했고, 마지막엔 어떻게 끝났어?"

② 기분 중심 말하기

하루 중 감정을 기준으로 사건을 고르기

예시: "오늘 제일 웃겼던 일은?", "오늘 기분 나빴던 순간은?"

③ 원인-결과 말하기

사건의 인과 관계 정리하기

예시: "내가 이렇게 해서 → 이런 일이 생겼어.", "그 친구가 이렇게 해서 → 내가 이렇게 느꼈어."

보라쌤과 솔지쌤의 실전 팁

조리 있는 말하기를 끌어내는 엄마의 질문

[상황: 아이가 운동장에서 넘어져서 무릎을 다친 뒤에 엄마와 대화하는 상황]

1. 감정 중심 질문 예시

엄마: 많이 아팠겠다. 넘어졌을 때는 어떤 기분이었어?
아이: 순간 깜짝 놀라고 창피했어. 친구들이 다 쳐다보고 있었거든.
엄마: 아, 그래서 더 속상했겠네. 아픈 것도 힘든데 친구들이 보니깐 말이야.
아이: 응, 그래서 눈물이 나려고 했는데 꾹 참았어.
→ 아이가 자신의 마음 상태를 표현하게 됩니다.

감정이 중심인 질문은 자신의 기분을 잘 표현하지 못하는 아이, 내성적이고 말수가 적은 아이에게 필요합니다. 특히 쉽게 상처받거나 예민한 아이에게는 감정 중심의 질문이 더욱 중요합니다. 예민한 아이는 마음이 진정되지 않는 상태에서 상황 설명을 요구받으면 방어적으로 굴거나 울음을 터트릴 수 있습니다. 그렇기에 감정 중심 질문을 통해 먼저 감정을 토해내고 그다음 사건을 차분히 이야기할 수 있게 됩니다. 또한, 반복해서 감정 중심 질문을 받다 보면, 감정이 주는 막연한 불편함이 점차 구체적인 언어로 바뀌게 되고, 아이는 자신의 마음을 더 잘 이해하며 표현할 수 있게 됩니다. 결국, 이는 아이가 지닌 감정을 다루는 힘, 즉, 자기 조절력을 키우는 데까지 이어지기에 건킹한 의사소통의 기반을 마련해 줍니다.

2. 상황 중심 질문 예시

엄마: 무릎이 다 까졌네. 운동장에서 무슨 일이 있었던 거야?

아이: 달리기하다가 돌에 걸려서 넘어졌어.

엄마: 그때 옆에 있던 친구들은 어떻게 반응했어?

아이: 어떤 애는 괜찮냐고 물어보고, 또 어떤 애는 웃었어.

엄마: 그래서 너는 어떻게 했는데?

아이: 그냥 일어서서 다시 뛰었어.

→ 아이가 사건의 흐름을 차근차근 말하게 됩니다.

상황 중심 질문은 말할 때 두서가 없거나 상상과 현실을 자주 섞어서 말하는 아이 그리고 발표나 설명 능력을 키워야 하는 아이에게 더욱 필요합니다. 설명력이 부족한 아이들은 흔히 "재밌었어", "좋았어" 같은 짧은 답에 그치곤 합니다. 이런 아이들에게 상황 중심 질문은 누가, 언제, 무엇을 했는지 풀어내도록 자극할 수 있습니다. 또한, 단순한 수다를 넘어서 구체적으로 차례대로 말하는 습관을 만들 수도 있습니다.

6

생각·의견 말하기, 식탁에서 시작하라

[아이의 속마음 일기] 제목: 내 생각을 그냥 말할걸….

오늘 학교에서 선생님이 "너희는 어떻게 생각해?"라고 물어보셨다. 나는 머릿속에 생각이 떠올랐는데… 어떻게 말해야 할지 몰라서 조용히 있었다. 누가 뭐라고 할까 봐 걱정도 되고, 혹시라도 내가 이상하게 말할까 봐 걱정됐다. 그리고 친구들이 대답을 다 듣고 나서야 "아, 그때 그냥 말할걸" 하는 생각이 났다. 엄마랑 얘기할 땐 편한데… 이상하게 학교에서는 어렵다.

왜 아이들은 의견 말하기를 어려워할까?

어른이 되어서 학창 시절을 떠올려보면 정말 신기합니다. 그렇게 다른 성격이 아이들이 한 교실에서 지냈다는 것이요. 특히 그 시절, 아람단 활동을 하면서 식재료 준비나 야영 계획을 세울 때 항상 이렇게 말하는 친구가 있었어요. "난 아무거나 괜찮아.", "나는 남는 거 할게." 그때는 참 고마운 친구였죠. 하지만 지금 돌아보면, 그 아이는 진짜로 아무 생각이 없었던 걸까요? 정말 '상관없다'라고 생각했을까요? 어쩌면 의견을 말할 용기가 없었을 수도 있어요. 그저 조용히 따르는 편이 더 안전하다고 느꼈을 수도 있죠. 그 마음은 지금 아이들도 비슷합니다. 아이들이 의견 말하기를 어려워하는 이유는 다양합니다. 스피치 수업에서 만난 아이들을 보면 특히 이 다섯 가지 경우가 많습니다.

① 생각하는 것 자체가 어려운 경우
② 말할 단어나 표현 방법을 몰라서
③ 말한 후 반응이 무서울까 봐 (거절, 무시, 비웃음 등)
④ 생각을 정리할 시간이 필요해서
⑤ 완벽한 답을 말하고 싶어서 망설이는 경우

이 다섯 가지 이유는 아이마다 다르게 섞여 있을 수 있어요. 부모로서 중요한 건, 우리 아이가 어떤 이유로 말을 멈추고 있는지 살펴보는 일입니다.

다름을 받아들이는 힘이 표현력을 키웁니다

아이의 의견이 내 생각과 다르다고 틀린 건 아닙니다. 그 다름을 받아들이는 순간, 아이는 "나는 나만의 생각이 있어도 되는구나"라는 자존감을 키울 수 있습니다. 그리고 이 연습은 나중에 친구와 갈등 상황에서도, 수업 시간 발표에서도, 글쓰기나 면접, 발표에서도 자기 생각을 또렷하게 말할 수 있는 표현력의 바탕이 될 것입니다. 오늘 저녁, 식탁 위 짧은 대화가 아이의 말하기를 바꾸는 멋진 첫걸음이 될지도 모릅니다.

의견 말하기, 식탁에서부터 시작하세요!

왜 하필 식탁일까요? 식탁은 하루 한 번은 마주 앉을 수 있는 시간입니다. 그리고 누구나 다른 맛의 취향을 가질 수 있는 상황이기에 의견이 갈릴 가능성이 커 자연스럽게 말하기를 연습하기 가장 좋은 시간입니다. 바로 '우리 집 음식 리뷰 시간'을 만들어보세요!

1. 의견과 사실 구분하기부터 시작하자

의견을 말하기 전에 가장 먼저 연습해야 할 건 '이건 사실인가, 의견인가?'를 구분하는 것입니다.

사실: "이 피자는 파인애플이 들어있어."

의견: "나는 이 피자가 맛없어. 달아서."

아이에게 가르쳐주세요. 의견에는 정답이 없고, 각자의 느낌과 생각이 다를 수 있다는 걸요.

그러니 아이가 의견을 냈을 때는 의견이 다르다고 지적하지 말고, "그렇게 느낄 수도 있구나!"라고 반응해 주세요.

2. 음식 리뷰 놀이로 의견 말하기 연습하기

예시 상황: 파인애플 피자 리뷰하기

[경우 1: 의견을 냈지만 존중받지 못한 상황]
엄마: "나는 파인애플 피자가 좋아. 달콤하고 짭조름해서!"
아이: "에이~ 그게 뭐야~ 이상해!"
아빠: "나도 별로야. 엄마 입맛 특이하네~"
→ 의견을 표현했지만 조롱받는 느낌이 들어 위축될 수 있어요.

[경우 2: 의견에 반응이 없는 경우]
엄마: "나는 파인애플 피자가 좋아. 달콤하고 짭조름해서!"
아이: "나는 안 좋아."
아빠: "음….".
→ 무반응도 아이에게는 소외감을 줄 수 있어요.

[경우 3: 의견을 존중받는 대화]
엄마: "나는 파인애플 피자가 좋아. 달콤하고 짭조름해서!"
아이: "아, 엄마는 그렇게 느꼈구나! 나는 좀 달라. 단맛이 싫어서 안 맞아."
아빠: "나는 아이 말에 공감돼. 짠맛이 더 좋아서."

→ 서로 다른 의견을 나누되, 모두의 생각이 존중받는 대화예요.

3. 구체적인 리뷰 틀 정해서 매일 연습하기

아이에게 리뷰를 하라고 막연히 시키기보다 작은 틀을 정해 반복해보는 것이 좋아요.

예: "이 음식은 어떤 맛이야?", "이 음식은 다시 먹고 싶어? 왜?", "다음에 먹고 싶은 메뉴는 뭐야?"

이런 질문들을 돌아가며 말해보면 의견 말하기는 생각보다 쉬운 일이라는 걸 아이가 자연스럽게 느끼게 됩니다. 하루하루가 어렵다면 일주일에 한 번, '우리 집 음식 토론 데이'로 정해보세요!

보라쌤과 솔지쌤의 실전 팁

우리 집 음식 토론 데이 질문 10가지

- 오늘 음식에서 제일 맛있었던 건 뭐야?
- 음식 맛 중에 제일 강하게 느껴졌던 건 뭐였어? (달콤함, 짠맛, 신맛 등)
- 오늘 음식의 식감은 어땠어? (부드러움, 쫄깃함, 퍽퍽함 등)
- 이 음식을 다시 먹고 싶어? 그 이유는?
- 다음에 먹고 싶은 메뉴는 뭐야?
- 누가 이 음식을 싫어한다고 하면 뭐라고 말해주고 싶어?
- 오늘 음식에 별점을 준다면 몇 점? (1~5점)
- 오늘 음식이 마음에 안 들었다면, 어떻게 바꾸면 좋을까?
- 이 음식이 생각나는 특별한 기억이 있어?
- 만약 네가 오늘 음식을 직접 만든 요리사라면, 어떤 기분이 들었을 것 같아?

이런 질문들을 자연스럽게 식사 중 나누다 보면, 의견 말하기는 더 이상 '숙제'가 아니라 즐겁고 안전한 대화의 한 부분이 될 것입니다.

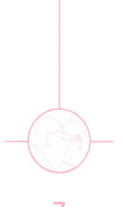

7

핵심을 못 잡는 아이, 이유가 있다

[아이의 속마음 일기] 제목: 뭐라고 말해야 할지 정말 어렵다!

오늘 발표 수업 시간에 "방학 동안 가장 기억에 남는 일"을 이야기했다. 나는 제주도 여행을 말하려고 했는데, 말하다 보니 음식 얘기도 하고 비행기 얘기도 하고 바다 얘기도 하다 끝나버렸다. 친구들이 "결국 뭘 얘기한 거야?"라고 웃었는데, 나도 잘 모르겠다. 나는 내가 하고 싶은 말을 한 것 같긴 한데… 선생님이 "제일 기억에 남는 일 한 가지만 정해서 말해볼까?"라고 말했을 때, 아차! 싶었다. 아, 내가 너무 많은 걸 한꺼번에 말하려고 했구나… 하고 싶은 말은 정말 많은데….

핵심을 짚지 못하면 말도 흐려져요

수업 중 아이들에게 "지금 무슨 이야기하고 있었지?"라고 물으면 대답이 돌아오지 않을 때가 있습니다. 또는 아주 길게 설명한 다음 "그래서 결론은 뭐야?"라고 물으면 "음…. 잘 모르겠어요."라고 대답하는 아이도 많죠. 핵심을 파악하지 못한 겁니다. 그런데 이건 단지 말의 문제가 아닙니다. 듣는 동안 중요한 정보에 집중하지 못하고, 정리되지 않은 상태로 머릿속이 흘러가 버린 것입니다. '중요한 정보'와 '덜 중요한 정보'를 구분하지 못하면, 아무리 말을 잘해도 말이 길어지고 흐려지고 핵심이 사라지게 됩니다. 그리고 무엇보다도, 내가 지금 무슨 말을 하고 있는지 스스로도 알 수 없게 되죠.

핵심을 말한다는 건, 내 생각이 명확하다는 뜻입니다.

핵심을 파악하는 힘을 기르는 것은 단순히 말을 잘하게 만드는 기술이 아닙니다. 그것은 자기 생각을 스스로 정리할 줄 아는 힘입니다. 정리된 생각은 말에 '자신감'을 더해줍니다. 물론 처음부터 완벽할 수는 없습니다. 하지만 부모가 기다려주며, 아이가 한 줄, 한 마디씩 스스로 골라내도록 도와줄 때 비로소 핵심 말하기의 첫걸음을 내딛게 됩니다. 핵심을 잘 말하는 아이는 곧, 자기 생각을 깊이 들여다볼 줄 아는 아이입니다. 그래서 핵심 찾기 훈련은 '말 잘하는 아이'를 만드는 연습이기보다 '생각하는 아이'를 만드는 훈련에 가깝습니다.

― 보라쌤과 솔지쌤의 실전 팁 ―

아이 유형별로 살펴보는 '핵심 찾기 감각' 훈련법

모든 아이에게 똑같은 방법을 적용할 수는 없습니다. 아이의 말 습관과 사고 흐름에 따라 핵심을 찾는 방법도 달라야 합니다. 다음은 말하기 유형에 따라 부모가 시도해 볼 수 있는 맞춤형 훈련 3단계 방식입니다.

1. 말이 많은 아이 - 정보는 많은데 정리가 안 되는 아이
→ '핵심을 정리하는 훈련'이 필요합니다.

① 대화 루틴 방식
    가장 중요한 것, 핵심을 추려낼 수 있도록 유도하는 질문이 필요합니다.
    - "오늘 하루 중 가장 기억에 남는 일 한 가지를 뽑는다면 뭐가 있을까?"
    - "정말 재밌는 얘기다! 이 얘기에 제목을 붙이면 뭐라고 할 수 있을까?"

② 게임형 대화법
    - 제목 붙이기 초성 게임:
      예: "이 얘기를 들으니까 이 제목이 생각난다!
        '고마운 마음은 ㅁㄹ ㅍㅎㅎㅈ!'(고마운 마음은 말로 표현하자!) 뭘까?"

    - 이야기 속 O/X 퀴즈
      예: "엄마가 이번 여행에서 가장 좋았던 건 바다에 간 것이다! O? X?"

③ 틀 만들기 방식

- 세 줄 말하기 카드 활용: "언제? / 무슨 일? / 어떤 기분?"
- 시간 흐름대로 정리하게 유도:

    예: "어제 일을 아침-점심-오후로 정리해본다면?"

2. 말이 짧은 아이 - 단답형이 익숙한 아이

→ '말문을 여는 훈련'이 먼저예요.

① 대화 루틴 방식

구체적인 질문으로 아이가 쉽게 말문을 열 수 있도록 도와주세요.

- "오늘 제일 귀찮았던 일은 뭐였어?"
- "오늘 학교 급식에서 제일 맛있었던 메뉴는 뭐야?"

② 게임형 대화법

- 3초 내로 YES/NO 카드 들고 답하게 하고, 10초 내로 설명 한 문장 덧붙이기

    예: 엄마: 오늘 가장 맛있었던 건 피자다? 1, 2, 3!

      아이: NO

    엄마: 어? 피자였는 줄 알았는데? 아니었어? 왜?

    아이: 디저트로 먹은 빙수가 더 맛있었으니까요!

- 부모의 말하기를 먼저 보여주기

    예: "엄마 먼저 말할게~ 너도 한 줄만 따라 말해줘."

③ 틀 만들기 방식

- 있었던 일을 4컷 만화로 그려보기

- 함께 찍은 사진을 보면서 이야기하기 (시각 자료 활용)

3. 감정 중심 아이 - 내용보다 느낌에 집중하는 아이
→ '감정을 구체적 사건과 연결 짓는 연습'이 좋아요.

① 대화 루틴 방식
- "오늘 마음이 힘들었던 순간은 언제였어?"
- "그 감정이 들었던 상황을 다시 말해볼 수 있어?"

② 게임형 대화법
- 감정 카드 뽑기 + 상황 카드 뽑기 → 두 개를 연결해 이야기 만들기
  예: "속상함" 카드 + "학교에서 친구들이 모여있는 상황" = 어떤 상황이었을까?"

③ 틀 만들기 방식
- '내 마음 → 이유 → 바람' 말하기 템플릿
  예: "나 학교에서 속상했어 → 왜냐면 친구가 내 말을 들어주지 않아서
    → 그래서 앞으로는 그 친구가 내 말을 잘 들어줬으면 좋겠어."

8

부탁과 거절도 연습이 필요하다

[아이의 속마음 일기]

제목: 말을 못 했을 뿐, 하고 싶은 말이 없었던 게 아니야!

오늘도 학교에서 친구가 내 연필을 빌려 갔는데, 또 안 돌려줬다. 전에도 몇 번 그랬는데 그냥 참고 넘겼다. 솔직히 말하면 다시 받고 싶었는데…. 괜히 말 꺼냈다가 친구가 나쁜 애라고 할까 봐 걱정됐다. 한 번은 돌려달라고 하려다가도 "그냥 하나 더 쓰지 뭐" 하고 넘겼다. 친구한테 나쁜 애가 되기는 싫으니까. 근데 집에 와서 생각해보니까 계속 이러면 안 될 것 같기도 하다. 나도 싫은 건 싫다고 말할 수 있었으면 좋겠는데, 그게 잘 안 된다. 속으로는 말하고 싶은 말이 정말 많은데…. 입 밖으로 꺼내는 건 너무 어렵다.

부탁과 거절은 누구에게나 어렵습니다

'부탁이나 거절을 잘하는 편인가?'라는 질문을 던진다면 누군가는 단번에 잘하고 있다고 대답할 것이고, 누군가는 잘하지 못하는 편이라고 답할 것입니다. 하지만 부탁이나 거절이 '쉽지 않은 일'이라는 데에는 대부분의 사람들이 공감하지 않을까요? 특히 '거절'이라는 단어는 부정적인 이미지가 강해서, 단지 거절하는 것만으로도 '나쁜 사람'이 되는 듯한 두려움을 느끼게 됩니다. 실제로 서점에 가면 '거절하는 법', '거절에도 상처받지 않는 법' 등의 책들이 즐비한 이유이기도 하죠. 어른도 어렵다는 뜻입니다.

그렇다면 아이는 어떨까요? 당연히 부탁이나 거절이 쉬울 리 없습니다. 어른들이 부탁이나 거절을 잘하려고 노력하는 이유는, 이미 사회생활을 통해 그것이 얼마나 필요한지 절감했기 때문입니다. 하지만 아이들은 아직 그런 경험이 많지 않습니다. '꼭 부탁해야 하나?', '거절하지 않으면 안 될까?'라는 질문부터 머릿속에 떠오르기 시작한 단계입니다. 예를 들어 부모님들은 종종 이렇게 말씀하십니다.

"우리 아이가 친구들과 잘 지내기는 하는데…. 거절을 참 못해요. 끌려다녀요."

하지만 그 장면이 아이 입장에서도 정말 '거절해야만 했던' 순간일까요? 어른에게는 거절이 필요한 순간처럼 보여도, 아이에게는 친구를 배려한 '감수 가능한 상황'이었을 수도 있습니다. 그래서 대화가 필요합니다.

아이가 부탁하지 못하고 쭈뼛쭈뼛했던 순간, 거절하지 못하고 끌려다녔던 순간, 그때 마음이 어땠는지 물어보세요. 감정과 이유가 있다면,

그 선택을 존중해주는 것도 필요합니다. 아이의 사회는 아이가 먼저 살아가는 세계이기 때문입니다.

어렵지만, 익숙해지면 할 수 있어요

우리 모두 부탁이나 거절이 쉽지 않다는 걸 압니다. 그래서 내 아이만큼은 부탁과 거절을 어려워하지 않는 사람으로 자라기를 바라는 마음이 있는 것이겠지요. 하지만 단호하게 말하는 연습도, 부드럽게 거절하는 법도 하루아침에 되는 일은 아닙니다. 아이는 아직 그 단계를 걷고 있습니다. 지금 우리 아이에게 필요한 건 '말해도 괜찮다'라는 허락입니다. 거절할 수 있는 용기, 부탁할 수 있는 자신감, 그리고 그것을 받아들이는 따뜻한 연습. 그 과정을 함께 걸어가는 것이야말로, 진짜 말하기 교육입니다.

아이와 함께하는 부탁, 거절 훈련 3단계

1. '거절'이라는 말에 담긴 감정부터 다독여주세요.

아이는 "싫어요", "안 돼요" 같은 말을 꺼내는 것만으로도 상대가 기분 나빠할까 봐 두려워합니다. 그럴 때 이렇게 말해주세요.

"거절은 상대를 미워해서가 아니라, 내 마음을 솔직하게 표현하는 거야."

※ 부모가 평소 "엄마는 오늘 너무 피곤해서 도와줄 수 없어" 같은 말로 자연스럽게 거절하는 모습을 보여주세요. 아이는 '거절도 정당한 표현'이라는 메시지를 배웁니다.

2. 정중하지만 단호하게 말하는 틀을 알려주세요.

거절이 어려운 아이에겐 '어떻게 말할지' 구체적인 틀이 필요해요.

① 기억해두면 좋은 표현 3가지

"지금은 어려울 것 같아."

"하고 싶지만, 지금은 시간이 안 돼."

"미안하지만 지금은 안 돼. 다음에 하자."

② 쿠션 화법 연습하기

"쿠션을 껴안으면 기분이 어때?" → 폭신하고 포근하지? → 말도 그렇게 '쿠션'을 하나 넣으면 상대가 덜 불편하게 느껴져.

1) 감사 쿠션

친구: 블록 놀이하자!

아이: 먼저 얘기해줘서 고마워! 근데 퍼즐 맞추는 중이었거든~ 다 끝나고 블록 놀이하자!

2) 공감 쿠션

친구: 나 이 과자 먹고 싶어, 사줘!

아이: 너 과자 먹고 싶구나~ 근데 나 지금 돈이 없어서 못 사줄

것 같아. 미안해~

3) 마음 쿠션

친구: 오늘 학교 끝나고 같이 놀자!

아이: 나도 놀고 싶은데 오늘은 할머니 댁 가야 해. 다음에 꼭 놀자!

※ 역할극 놀이로 연습해보세요: "친구가 내 물건을 빌려 가려 한다면?" → "이건 엄마가 주신 특별한 거라 안 빌려줄래." 정중한 거절은 '싫어'와는 다르다는 걸 알려주세요.

3. 부탁하는 말도 자연스럽게 연습하세요

아이에게는 '부탁하는 방법'도 훈련이 필요합니다. "~해줘!" 대신 "~해줄 수 있어?"로 바꾸는 것부터 시작하세요.

예: "엄마, 이것 좀 도와줄 수 있어?"

"같이 해줄래?"

"시간 괜찮을 때 이것도 부탁해도 돼?"

※ 부모가 먼저 부탁하는 표현을 사용해보세요: → "시간 되면 엄마 좀 도와줄 수 있을까?"

아이는 듣고 자란 표현을 따라 말하게 됩니다.

―(보라쌤과 솔지쌤의 실전 팁)―

훈련 전 아이의 감정 읽기! 잊지 마세요!

① **아이가 부탁, 거절을 원하지 않았던 경우 - 존중하는 반응**
  부모: 아까 퍼즐 놀이 한창 재미있게 하고 있었는데, ㅁㅁ이가 블록 놀이하자고 했잖아. 퍼즐 더 하고 싶지 않았어?
  아이: 나 블록 놀이도 하고 싶었어.
  부모: 아~ 그렇구나!

② **아이가 부탁, 거절을 하고 싶었지만 못한 경우 - 소통 방법 훈련하기**
  부모: 아까 퍼즐 놀이하다가 블록 놀이로 바로 넘어갔잖아. 퍼즐 더 하고 싶었던 건 아니었어?
  아이: 솔직히 말하면 퍼즐 다 맞추고 싶긴 했는데 그냥 얘기 안 했어.
  부모: 그랬구나~ 그런 상황에서는 "이거 다 하고 하자"라고 말해도 괜찮아. 친구도 이해할 수 있어! 엄마랑 그때로 돌아가서 연습해보자! 엄마가 친구 역할 할게!

CHAPTER 3

재미가 실력으로! 놀이 기반 스피치 트레이닝 기법

1
놀이로 평생 말하기 습관을 만들자

말하기의 첫 출발선, '놀이'입니다

"자, 이제 말 잘해보자!"

이렇게 단번에 시켜서 말을 잘하게 된 아이는 없습니다. 말하기는 "이제부터 잘해!" 한다고 갑자기 늘 수 있는 능력이 아니기 때문입니다. 특히 어릴 때 주입식으로 배운 말하기는

'정답'을 맞히기 위한 말, 실수하지 않으려는 말, 마음을 닫고 눈치를 보는 말로 굳어지기 쉽습니다. 아이의 말하기 실력은 놀이처럼 자연스럽고 반복되는 경험 속에서 스스로 표현하고, 실패하고, 웃고 떠드는 과정에서 비로소 자라나기 시작합니다. 아이는 놀 때만큼 말이 많아지고, 생각이 흘러나오며, 감정이 실립니다. 이때 나오는 말이야말로 '진짜 말하기'의 시작입니다. 놀이 중에 나오는 말은 자유롭고 자발적이며, 목적이 아니라 수단의 역할을 합니다. 이 모든 조건 때문에 놀이 시간은 건강한 말하기 능력을 기르기에 최적의 환경이죠.

왜 '놀이'가 말하기 훈련보다 더 강력할까?

언어학자 브루너는 "놀이적 맥락에서의 언어 사용은 아이의 문법과 어휘뿐 아니라 사회적 맥락을 이해하는 능력까지 함께 길러준다."라고 설명했습니다. 하버드 교육대학원의 'Pedagogy of Play' 프로젝트는 다양한 문화권에서의 놀이 기반 학습을 연구하며 놀이가 학습에 어떤 긍정적인 영향을 주는지를 심층 분석했습니다. 이 프로젝트에 따르면, "놀이 중심 학습은 아동의 호기심과 자기 주도성, 창의력, 감정 표현력, 사회적 상호 작용 능력을 촉진한다." 또한, "아이가 놀이 안에서 언어를 자유롭게 사용하는 경험은 자연스러운 문장 구성 능력, 설득력, 공감 능력, 자기 표현력까지도 성장시키는 데 핵심적인 역할을 한다."라고 강조합니다. 이처럼, 놀이 기반 언어 활동은 단순한 말하기를 넘어서 아동의 전인적 성장과 직결된다는 점에서 교육적으로 매우 강력한 수단입니다.

놀이가 말문을 틔웁니다, 말은 삶을 열어줍니다

말하기는 글쓰기처럼 연습할 수 있는 영역이지만, 그 시작은 교과서가 아니라 관계 속에서 자라는 경험입니다. 놀이하며 아이의 생각을 끌어내고 말을 듣고, 웃고 떠드는 그 순간들이 평생 말 잘하는 아이로 자라는 진짜 밑거름입니다. 말은 그 아이의 세상입니다. 아이의 세상이 자유롭게 열릴 수 있도록 오늘은 '말 잘해봐' 대신 "같이 놀아볼까?"부터 시작해보세요.

! 효과 up! 재미 up! **실전 노하우**

말하기의 '씨앗'을 틔우는 부모의 놀이 태도

하지만 여기서 중요한 사항이 있습니다. 바로 놀이를 어떻게 하느냐입니다. 부모가 자주 빠지는 함정은 "이 놀이를 하면 말이 늘겠지!", "이 말은 이렇게 하도록 알려줘야지!"라는 '목표 중심의 개입'입니다. 하지만 아이는 '지금 내가 재밌는가'가 가장 중요합니다. 놀이가 주입식으로 바뀌는 순간, 아이는 긴장하고, 표현도 멈춰버립니다.

1) 교감이 우선입니다

아이의 말이 매끄럽지 않아도 끊지 마세요. 틀렸어도 고치지 말고 표정과 리액션으로 감정에 공감해주는 것이 먼저입니다.

"그랬구나! 그래서 어떻게 했는데?"

"우와~ 그런 말도 할 줄 알았어?"

2) 놀이 속 '대답 유도 질문'은 피하세요

"이거 뭐라고 해야 하지?"

"그럼 뭐라고 말해야 맞을까?"

이런 질문은 아이에게 '정답'을 요구하는 느낌을 줍니다. 대신 아이가 떠올린 말이 '맞든 틀리든' 상관없이 그 생각 자체를 기뻐해 주세요.

3) 놀이의 주도권은 아이에게

놀이 흐름이 바뀌어도 괜찮고, 예상치 못한 말이 나와도 괜찮습니다. 아이의 말하기는 정답을 향한 도착이 아니라, 표현을 향한 여정입니다.

4) 유쾌한 진행자가 되어주세요!

놀이가 아이의 말하기와 표현력을 키우는 시간이 되려면, 부모의 태도가 결정적인 역할을 합니다. 학습처럼 지시하거나 결과를 따지는 순간, 아이는 긴장하고 위축됩니다. 반대로 부모가 유쾌한 진행자가 되면 아이는 편안하고 즐겁게 참여하며 자연스럽게 표현력을 확장할 수 있습니다.

2

정확한 발음 재미있게 훈련하기

발음, 왜 중요할까요?

말은 마음을 전하는 도구입니다. 그런데 그 말이 부정확한 발음으로 전달된다면, 상대는 내용을 이해하기도 어렵고, 아이는 반복되는 오해 속에서 말에 대한 자신감을 잃게 됩니다. 또박또박 정확한 발음은 자신감 있는 말하기의 첫걸음이며, 발성, 호흡, 표현력까지 연결되는 핵심 기술입니다. 그리고 그 발음은 억지 교정이 아니라 놀이 속에서 자연스럽게 익히는 게 가장 효과적입니다.

연령별 발음 놀이

유아기 (4~6세)

[놀이 1. 동물처럼 말해요!]

1. 준비물: 동물 그림 카드 10장 / 스티커나 도장(보상 아이템) / 마이크 장난감 or 손바닥 마이크 모양 종이

2. 게임 구성

　동물 발음 도전 미션을 클리어하면 스티커 1장!

　5마리 이상 성공하면 오늘의 동물 박사로 등극!

3. 진행 방법

　1) 아이가 동물 카드 1장을 뽑습니다.

　2) 동물 이름을 3단계로 또박또박 말하기

　1단계: 천천히 → "호랑이…"

　2단계: 크게! → "호! 랑! 이!"

　3단계: 문장 만들기 → 호랑이는 어흥 하고 울어요.

　* 부모는 진행자처럼 외치세요: "자~ 이번엔 문장 만들기 미션입니다! 호랑이로 문장을 만들어볼까요?"

　* 성공하면 스티커 1개!

　* 5개 모으면 "동물 발음 박사 배지" 수여!

4. 기대효과: 입 모양 조절 + 음절 구분 + 억양 표현력 함께 훈련

　놀이 몰입도 증가, 집중력과 자발성 강화

　자기 목소리에 익숙해지는 과정

⚠ 효과 up! 재미 up! 실전 노하우

게임 쇼 사회자처럼 과장된 말투로 함께 해주세요.
"정답입니까~? 딩동댕~~~!!"
"우와! 진짜 곰 목소리 같았어요!"
*발음보다 표현력과 자신감을 먼저 칭찬해주세요.
"말이 정확하네!" 보다 "호랑이 흉내 완전히 멋있었어!"

[놀이 2. 입 모양 탐정단! 말을 보며 맞혀보세요!]

1. 준비물: 손거울 또는 벽걸이 거울 / 입 모양 카드 리스트 (엄마만 보면 되고, 아이는 정답만 맞히면 돼요) / 정답 도장 or 스티커

2. 게임 구성
    1단계: 소리 없이 입 모양만 보고 단음(가, 나, 다 등) 맞히기
    2단계: 입 모양만 보고 단어(토끼, 포도 등) 맞히기

3. 진행 방법
    1) 부모는 거울 앞에서 입 모양만 움직여 단음 하나를 보여줍니다.
       예: '가' → 입만 움직이고 소리는 내지 않음

2) 아이는 입 모양을 보고 소리로 맞혀봅니다.

"가!" "다!"

3) 맞히면 스티커 1개!

4) 2단계에서는 간단한 단어로 난이도를 올립니다.

예: '포도', '곰', '고양이', '토끼' 등

→ 입 모양만 보고 추측!

5) 몇 문제를 맞히면 "입 모양 탐정 배지" 수여

4. 기대 효과: 자음/모음의 시각적 차이 인식

발음에 집중하는 습관 형성

말소리를 만들기 위한 입의 움직임 훈련

⚠️ 효과 up! 재미 up! **실전 노하우**

아이가 틀려도 "오~ 입 모양이 비슷했어!" 같은 반응으로 격려해주세요
*아이가 부모에게 문제를 내는 역할 바꾸기도 꼭 해보세요!
"이제 엄마가 맞혀볼까~?"
영상 녹화나 셀카 모드로 입 모양 비교도 하면 놀이 몰입도 UP!

초등 저학년 (1~3학년)

[놀이 1. 혀굴리기 발음 도전!]

1. 준비물: 혀 꼬기 문장 리스트 / 스톱워치 or 핸드폰 타이머 / 별 스티커 or 점수 보드 / 녹음 기능(선택): 자기 발음 듣고 피드백도 가능!

혀 꼬기 문장 리스트 예시

1) 앞집 철수, 뒷집 찰스.
2) 서울 숲에 살고 싶은 순수한 수학 소년.
3) 장군군과 장군금은 장군감 고를까, 장군감 아닐까 고민했다.
4) 간장 공장 공장장은 강 공장장, 된장 공장 공장장은 정 공장장.
5) 작은 토끼 토끼 통 옆에는 큰 토끼 토끼 통이 있고, 큰 토끼 토끼 통 옆에는 더 큰 토끼 토끼 통이 있다.
6) 오징어 집 옆집은 뽀족 집이고, 뽀족 집 옆집은 오징어 집이다. 그래서 오징어는 뽀족 집에서 뽀짝뽀짝 오징오징거렸다.
7) 삼촌은 사촌에게 사촌 삼촌은 삼촌 사촌이 아니라는 삼촌 같은 사촌 얘기를 했다.
8) 고릴라는 그릴라 그릴을 그리다가 고릴라 그림을 그려 그릴라 그림을 그렸다.
9) 큰 기린이 긴 그네에 끼익끼익, 작은 기린은 작은 그네에서 끼잉끼잉. 그네 끼익과 끼잉은 기린들의 그네 끼익 끼잉 대회 소리였다.

10) 판교 판다 판넬 공장에서 판다 판넬을 파는 판다와 판다 판넬을 판다는 판다 판넬 판이 팔판 판넬을 판다.

2. 진행 방법 (부모 사회자 버전으로)

　1) "랜덤 문장 뽑기!"

　　아이가 문장 카드를 1장 뽑아요.

　　부모가 사회자처럼 말합니다:

　　"과연 오늘의 혀 꼬기 문장은?! 두둥! (드럼 소리)"

　2) "천천히 1번, 빠르게 1번 도전!"

　　1차 도전: 천천히 또박또박 발음

　　2차 도전: 타이머를 재며 빠르게 말하기 (단, 정확성은 유지)

　　예: "이번 미션은 '고릴라는 그릴라 그릴을 그리다가…'예요! 시간은 5초 안에 성공해야 해요. 준비… 시작!"

　3) "성공하면 별점 획득!"

　　정확하게 말하면 별 1개!

　　빠른 속도로 정확히 말하면 보너스 별 1개 추가!

　　일정 별점 모이면 "혀굴리기 마스터 칭호" 수여

　　* 보너스 게임 (선택 적용 가능)

　　　- 녹음 듣고 심사위원 놀이: 가족이 번갈아 녹음하고 누가 더 정확했는지 평가

– 틀리면 웃음 벌칙!: 발음 꼬이면 "혀 풀기 댄스" or "웃음 참기 벌칙"

3. 기대 효과: 입 모양과 혀의 움직임을 인식하며 조음 근육을 단련하고 발음의 명료도와 말의 리듬감을 향상시킴

⚠️ 효과 up! 재미 up! **실전 노하우**

*사회자 말투 적극 활용!
"다음 참가자! 준비되셨나요~?"
"이건 거의 혀 체조 선수급인데요?"
*틀려도 웃으며 넘기기
→ 아이가 말실수에 위축되지 않도록 분위기를 끝까지 유쾌하게!
*시작 전 "입 푸는 운동"도 함께 하기
→ "아에이오우~", "입 벌리고 하하하 웃기" 등

[놀이 2. 박자 말하기 박수 놀이]

1. 준비물: 손바닥 또는 탁자 (박자 칠 도구) / 단어 주제(음료, 과일, 동물 등) / 2명 이상 함께 하면 가장 재미있어요! / 스티커나 별점 종이(게임 보상용 선택 사항)

2. 진행 방법

　1) 박자 연습하기

　　기본 리듬은 이렇게 쳐요:

　　"두근~ 두근~ 말~ 해~ 요!" (총 5박자)

　　(앞 2박은 박수, 뒤 3박은 단어 말하는 시간이 됩니다.)

　2) 주제 정하기

　　예: 음료

　　　모두가 해당 주제 안에서만 단어를 말해야 해요.

　　　→ 포도 주스, 식혜, 초콜릿 우유, 비타민 음료 등

　3) 리듬에 맞춰 단어 말하기

　　단어의 음절 수는 자유, 단 박자에 딱 맞게 발음만 정확히!

　　실수하거나 리듬 놓치면 탈락!

　　말하기 전에 항상 리듬 준비:

　　"두근~ 두근~ 말~ 해~ 요!"

　＊ 실전 예시 (음료 주제)

　　엄마(사회자 역할):

　　"좋아요, 주제는 음료예요~ 자 그럼 시작합니다!

　　두근~ 두근~ 말~ 해~ 요!

　　두근~ 두근~ 포도 주! 스!"

아이1:

"두근~ 두근~ 말~ 해~ 요!

두근~ 두근~ 비타민 음! 료!"

아이2:

"두근~ 두근~ 말~ 해~ 요!

두근~ 두근~ 사과 주! 스!"

아이3:

"두근~ 두근~ 말~ 해~ 요!

두근~ 두근~ 딸기 주! 스!"

아이1(다시 차례 돌아옴):

"두근~ 두근~ 말~ 해~ 요!

두근~ 두근~ 초코 우! 유!"

* 발음이 꼬이거나 말할 단어를 생각해내지 못하면 탈락!
* 앞사람이 말한 단어를 복창한 뒤 새 단어 이어 말하기 규칙을 추가하면 더 재미있어요!
* 라운드가 진행될수록 박자 속도를 점점 빠르게 하면 더 몰입돼요!

3. 기대 효과: 음절 분리 감각 향상

발음을 정확하게 하는 습관

박자와 템포에 맞는 스피치 리듬 감각 훈련

말의 '타이밍'을 익히며 말하는 재미를 느낌!

> ⚠️ 효과 up! 재미 up! **실전 노하우**
>
> 사회자 역할을 재미있게 해주세요!
> "두근두근~ 누구 차례인가요~!"
> "이번 라운드는 초고속 리듬!"
> 틀려도 절대 지적 NO!
> 대신 "이잉~ 혀 꼬였쪄~ 리듬 요정 벌칙~"처럼 웃음으로 넘겨주세요.

초등 고학년 (4~6학년)

[놀이 1. 발음 스피드 챌린지! 시간 안에 클리어하라!]

1. 준비물: 발음 스크립트 (짧은 문장 or 혀 꼬기 문장) / 스톱워치 / 채점 체크리스트 (발음 정확도 / 속도 / 실수 횟수)

   * 발음 스크립트 예시 (책 일부분도 좋습니다)
     1) 촉촉한 초코칩 나라의 촉촉한 초코칩을 본
        초코 중독 초코 소년은 초콜릿 초밥을 꿈꾸며
        촉촉한 초코 산 위에서 초코 시럽 샤워를 하고 싶다고 말했다.
     2) 숲속 산속 스위스 시골 숲속에
        스키를 타는 스위스 스님 세 명이
        수줍게 스웨터를 스스슥 쓰고 있었다.

3) 병아리들이 병아리 방바닥에 병아리 밥을 바삭바삭 밟으며 병아리 말을 반복했다.

4) 버터 빵 바구니에 바사삭한 버터 볼이 빠르게 빠졌다가 버터서 붙었다.

2. 진행 방법

 1) 아이가 말할 문장을 선택합니다.

 2) 틀리지 않고 정확하게 읽기 도전!

  1단계: 천천히 (연습용)

  2단계: 보통 속도 (제한 시간 10초)

  3단계: 빠르게 (제한 시간 5초)

  실수 없이 통과하면 별점 1개 + 보너스

  실수하거나 시간 초과 시 → 재도전 or 감점

3. 기대 효과: 빠르게 말해도 발음을 뭉개지 않게 조절하는 능력

 입 근육 조절력 + 발화 집중력

 아이들이 말의 "속도감"과 "정확성"의 균형을 익힘

> ① 효과 up! 재미 up! **실전 노하우**
>
> *"빠를수록 좋다!" 보다 "정확하게 말했는지" 먼저 피드백 주세요.
> *실수해도 "이번엔 아쉽~다! 다음엔 혀 풀고 도전!"처럼 유쾌하게 반응해 주세요.

[놀이 2. 발음 탐정 퀴즈쇼! 헷갈리는 단어를 잡아라!]

1. 준비물: 중등 어휘 기반 헷갈리는 단어 쌍 카드 / 간단한 문장 예시 또는 직접 문장 만들기 / 퀴즈판, 정답판, 스티커 또는 점수판(선택)

2. 진행 방법

    1) 문장 제시

        부모(또는 사회자)가 헷갈리는 단어가 포함된 문장을 읽어줍니다.

        예: 기억 / 기역

    2) 아이는 다음 3가지를 수행합니다:

        ① 헷갈리는 단어 두 가지가 무엇인지 골라내고

        ② 정확하게 발음해보고

        ③ 각각의 뜻을 설명하면 완벽한 정답!

예: 의미를 모르면 이미 늦었어.

　　→ 정답: 의미와 이미!

　　→ 설명: 의미는 어떤 말의 뜻을, 이미는 다 지난 일을 뜻합니다.

1	의미	이미	의미를 모르면 이미 늦었어.
2	자료	자루	자료를 자루에 담아와.
3	방향	방앗간	방향을 틀면 방앗간이 나와
4	결정	결점	결정 전에 결점도 봐야 해
5	기억	기역	기억이 안 나. 기역이 뭐였지?
6	관리	관광	관리하다가 관광 얘기가 나왔어.
7	대화	대회	대화하다가 대회 얘기로 빠졌거든.
8	고민	고문	고민이 너무 심해. 고문 같아.
9	설명	성명	성명 말고 설명해주세요.
10	교환	교관	이번에 온 교환 학생이 교관처럼 엄격해
11	자려	자료	자려 했는데 자료를 받았어.
12	사과	사과	사과를 샀는데 계산을 깜빡해서 사과드렸어.
13	의식	의심	정말 의식이 있는지 의심이 되었어.

* 점수표 (예시 기준)

단어 맞히기 → 1점

발음 정확히 말하기 → 1점

의미 설명 성공 → 1점

문장 속 추리 성공 → 2점

3. 기대 효과: 유사 발음 구별 능력 향상

　　발음 실력 + 어휘력 + 문장 이해력 동시 훈련

　　실생활에서도 유용한 듣기 + 말하기 + 사고력 연결형 훈련

> ❗ 효과 up! 재미 up! **실전 노하우**
>
> *아이가 틀려도 바로 정답 주지 말고 유도 질문!
> "그 단어는 어떤 뜻이야?"
> "혹시 비슷한 말 들어본 적 있어?"
> *아이가 문제를 직접 내게 해보면 몰입도 200%!
> *정답 맞혔을 땐 "발음 탐정 딩동댕~" 같이 효과음 넣어주기!

또박또박 발음은 '말의 자신감'을 키워줍니다

발음은 작지만 큰 힘을 가진 말의 기술입니다. 또렷한 발음은 듣는 사람에게 신뢰감을 주고, 말하는 아이에게는 자신감을 줍니다. 무조건 고치려는 태도보다, 놀이 속에서 입을 움직이고, 목소리를 꺼내고, 자기 목소리에 익숙해지는 과정이 아이를 점점 더 말 잘하는 아이로 만들어 갑니다. "또박또박 말해보자!"가 아니라, "같이 해볼까?"라고 웃으며 시작해주세요. 발음 교정이 아니라 발음 놀이로요!

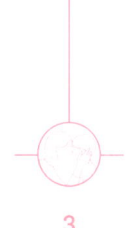

3

상황에 맞는 목소리로 표현력 확장하기

언어 표현력의 확장인 '소리 표현'

말을 잘한다는 건 단순히 '무엇을 말하는가'가 아니라, '어떻게 말하는가'까지 포함합니다. 그중 목소리 변화는 아이의 말에 표정과 감정, 생동감을 불어넣어 주는 힘이에요.

같은 말이라도

"고마워!" (밝고 경쾌하게)

"고마워…." (작고 조용하게)

"고마워~" (장난스럽게)

말투와 톤만 달라도 완전히 다른 느낌이 되죠?

이건 단순한 발성 연습이 아니라 상황 파악 능력, 감정 표현력, 청중을 고려한 표현 방식을 기르는 훈련입니다. 또한, 아이의 스피치가 훨씬 더 재미있고 설득력 있게 바뀌는 비밀이기도 합니다.

연령별 '목소리 놀이'로 표현력 키우기

유아기 (4~6세)

[놀이 1. 동물 목소리 따라 해요!]

1. 준비물: 동물 그림 카드 또는 인형

2. 진행 방법

   1) 부모가 동물 그림을 하나 보여줍니다.

      아이는 그 동물이 어떤 목소리로 말할지 상상해 말해봅니다.

      "난 사자야! 으르렁! 거기 누구야~!"

      "난 토끼야…. 조용조용…. 안녕…"

   2) 부모가 감정도 추가해 요청합니다.

      "화난 토끼는 어떻게 말할까?"

      "졸린 사자는 어떻게 말해?"

3. 기대 효과: 상상력 + 감정 표현 + 억양·볼륨 조절력 발달

효과 up! 재미 up! 실전 노하우

아이가 말하는 걸 따라 하며 "어우~ 진짜 토끼 같다!" 같은 공감 반응을 크게 해주세요.

그러면 아이는 자신의 목소리에 더 집중하며 말하는 연습을 즐깁니다.
목소리가 작은 동물부터 시작해 점점 목소리가 큰 동물로 레벨을 높여주세요.

[놀이 2. 감정 거울로 변신!]

1. 준비물: 없음 (부모 목소리만 있으면 됨!)

2. 진행 방법

   1) 부모가 말투를 바꿔서 짧은 문장 말하기

      예: "안녕~?"을 슬픈 목소리 / 짜증 섞인 목소리 등으로

   2) 아이가 똑같이 흉내 내기

3. 기대 효과: 억양 듣기 + 반복 말하기

⚠ 효과 up! 재미 up! **실전 노하우**

틀려도 "오~ 조금 더 화난 목소리로 다시 해볼까?" 하고 도와주세요.
동화책 한 권을 읽어주면서 감정이 표현된 대사를 따라 해보는 것도 좋아요!

초등 저학년 (1~3학년)

[놀이 1. 이 목소리는 누구일까?]

1. 준비물: 없음

2. 진행 방법

   1) 한 명이 목소리를 바꿔서 역할극을 합니다. (예: 선생님 목소리, 아기 목소리, 로봇 목소리 등)

   2) 상대방은 누군지, 어떤 상황인지 맞혀보는 게임

3. 기대 효과: 상황 상상력 + 말투·억양 분석 능력 강화

⚠️ 효과 up! 재미 up! 실전 노하우

아이가 부모를 흉내 낼 때도 웃어주세요.
→ "어, 그건 엄마가 화났을 때 톤이잖아?" 하고 리액션 주기!
구체적인 상황을 뽑을 수 있는 카드가 있으면 더 재미있어요!

[놀이 2. 목소리 도미노 게임]

1. 준비물: 문장 카드 1장 (예: "이건 내 거야!")

2. 진행 방법

    1) 첫 번째 아이가 기본 말투로 말함

    2) 다음 사람은 전 사람의 말투를 흉내 + 자신만의 말투로 변형

    3) 모두 말하고 나면 '가장 독창적인 말투' 투표

3. 기대 효과: 창의적 억양 표현 + 유쾌한 실전 훈련

ⓘ 효과 up! 재미 up! 실전 노하우

말투가 과장될수록 "이런 억양도 있어?" 하며 놀라주기. 감정 표현 확장 유도!
옆 사람 말투를 감정을 살려 잘 따라 하면 그 부분도 크게 칭찬해주세요!

초등 고학년 (4~6학년)

[놀이 1. 문장, 억양에 따라 다르게 말하기]

1. 준비물: 짧은 문장 목록

2. 진행 방법

    1) 문장 하나를 선택한 뒤 다양한 억양과 분위기로 말해봅니다.

        예: "그래서요?" → 궁금할 때 / 비꼴 때 / 다급할 때 등

    2) 서로 다른 해석을 덧붙이며 의미 변화 관찰하기

3. 기대 효과: 상황 추론력 + 억양의 힘 이해

⚠ 효과 up! 재미 up! 실전 노하우

실제 뉴스, 드라마 대사로도 도전해보세요.
→ "방금 그 연기, 진짜 배우 같다!" 하는 칭찬도 잊지 마세요.

[놀이 2. 다섯 글자 톤 업 게임]

1. 준비물: 5글자 단어 리스트

    예: 껍질땅콩엿, 맥컬리컬킨, 영동용봉탕 등

2. 진행 방법

    1) 다섯 글자 단어를 한 글자씩 점점 음을 높여가며 말해봅니다.

        예: "껍(높게) 질(낮게) 땅(낮게) 콩(낮게) 엿(낮게)"

2) 반대로 하나를 낮추고 네 글자를 높여 말해보는 것도 도전!

3) 감정 톤을 넣어서 '화난 버전', '기쁜 버전', '슬픈 버전'도 시도해 보기

3. 기대 효과: 억양 조절, 발음 정확성, 말의 분위기 조절력 향상

> ⚠️ 효과 up! 재미 up! **실전 노하우**
>
> 가족끼리 돌아가며 진행하고, 가장 톤 연출이 창의적인 사람에게 별 스티커를 줘보세요!

말은 눈으로 듣고, 귀로 느끼는 예술입니다

말은 눈으로 보이지 않지만, 그 사람의 감정, 의도, 캐릭터를 그대로 담아낼 수 있는 소리의 예술입니다. 아이에게 말은 아직 '정보 전달'이 아니라 '표현의 놀이'입니다. 그 말에 재미와 소리의 변화가 더해질 때 아이의 스피치는 더욱 풍성하고 생생해질 수 있습니다. "감정을 담아 말하는 힘"은 글로는 배우기 어렵고, 놀이 속에서만 자연스럽게 익힐 수 있어요. 오늘 아이와 한 문장을 다르게, 재미있게, 생생하게 말해보는 것으로 스피치의 진짜 힘을 꺼내 보세요!

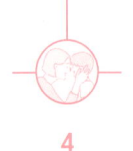

4

언어 표현력, 자연스럽게 늘리기

표현력, 왜 중요한가요?

표현력이란 자신의 생각과 감정을 말이나 글, 몸짓 등으로 나타내는 힘입니다. 많은 정보를 머릿속에 담고 있어도 말로 풀어내지 못하면, 실제 상황에서는 '모르는 사람'처럼 보일 수 있습니다. 표현력이 강한 아이는 단순히 말을 많이 하는 아이가 아니라, 적절한 단어와 문장으로 생각을 정돈해서 전달할 수 있는 아이입니다. 그리고 이 표현력은 '놀이'를 통해 얼마든지 기를 수 있습니다. 하지만 요즘 아이들은 표현력 형성이 어려운 환경 속에 있습니다. 스마트폰, 영상 콘텐츠에 과도하게 노출되어 스스로 생각하고 말할 기회가 줄어들었고,

아이가 말하지 않아도 부모가 먼저 알아채고 해결해주는 구조는 표현의 동기를 앗아갑니다.

무엇보다도, 아이가 표현해도 부모가 비판하거나 반응하지 않으면 말은 자연스레 줄어듭니다. 그렇다면 일상에서 어떻게 아이의 표현력을

즐겁게 키워줄 수 있을까요?

연령별 표현력 키우기 놀이

유아기 (4~6세)

[놀이 1. 말로 하는 다른 그림 찾기]

1. 준비물: 다른 그림 찾기 자료 (종이 or 화면)

2. 진행 방법
   1) 두 그림을 보여주고 다른 점을 찾게 합니다.
   2) 단순히 "여기가 달라요"가 아니라, 구체적으로 말하게 합니다.
      예: "위쪽 그림의 오른쪽 아래에 있는 꽃게는 입이 있는데, 아래 그림의 꽃게는 입이 없어요."
   3) 말하는 순서 연습
      (1) 어떤 그림인지 → (2) 무엇인지 → (3) 어떻게 다른지

3. 기대 효과: 위치 표현, 비교 설명 능력, 순서 있게 말하는 연습

> ⓘ 효과 up! 재미 up! **실전 노하우**
>
> 아이가 잘 못 말하더라도 끝까지 듣고 정리된 표현으로 되받아 주세요.
> 아이의 이쪽, 저쪽 등의 표현을 왼쪽, 오른쪽 등으로 잡아주시면 좋습니다!

[놀이 2. 동물 목소리 상황극]

1. 준비물: 동물 인형 또는 그림

2. 진행 방법

   1) 동물 인형 하나를 고르고, 아이가 그 동물의 입장이 되어 말을 해봅니다.

   예: "나는 배가 고픈 곰이에요. 오늘은 무엇을 먹을까요?"

   2) 부모가 질문을 던져주며 상호 작용합니다.

   "곰은 언제 배가 고플까요?"

   3) 상황에 맞게 표현을 이어가며 간단한 이야기 만들기

3. 기대 효과: 말의 맥락 이해, 상상력, 인격화 표현력 향상

> ⚠ 효과 up! 재미 up! **실전 노하우**
>
> 아이가 말한 내용을 반복해주며 감탄사("정말?", "그랬구나!")를 자주 넣어주세요.

초등 저학년 (1~3학년)

[놀이 1. 이야기 릴레이]

1. 준비물: 없음

2. 진행 방법

   1) 한 사람이 문장을 시작합니다. "나는 학교에서 돌아와 보니 아무도 없었다."

   2) 다음 사람이 그 상황을 이어가며 1문장을 덧붙입니다.

      예: "식탁 위에는 편지 한 장과 쿠키가 놓여 있었다."

   3) 순서를 돌아가며 이야기를 이어나갑니다.

   4) 난이도를 높이려면 장르를 지정해도 좋습니다.

      예: 모험, 스릴러, 코미디 등

3. 기대 효과: 맥락 파악, 창의력, 감정 연결, 말의 흐름 만들기

> ⚠️ 효과 up! 재미 up! **실전 노하우**
>
> 아이가 말하는 도중 막히면 "그다음엔 어떻게 됐을까?" 자연스레 연결을 도와주세요.
> 자연스럽게 접속어도 익힐 수 있게 도와주면 좋습니다.

[놀이 2. 그림 속 대사 만들기]

1. 준비물: 다양한 인물 그림이나 장면 그림

2. 진행 방법

   1) 그림을 보여주고, 등장인물의 표정이나 상황에 따라 말할 수 있는 대사를 생각해봅니다.
   2) 인물마다 한마디씩 상상하여 말해봅니다.
      예: "이 사람은 지금 당황해서 '어? 내 지갑 어디 갔지?'라고 말할 것 같아."

3. 기대 효과: 관찰력, 감정 추론, 상황 이해, 창의적 언어 사용

⚠ 효과 up! 재미 up! **실전 노하우**

비슷한 상황을 사례로 보여주며 이야기를 끌어내 주세요.
생동감 넘치는 연기로 상황에 더욱 몰입할 수 있게 도와주세요.

초등 고학년 (4~6학년)

[놀이 1. 감정 빙고]

1. 준비물: 빈 빙고판(3x3~5x5), 감정 단어 리스트, 펜

2. 진행 방법

   1) 감정 단어를 보고 마음에 드는 9개(또는 16개)를 골라 빙고 판에 적습니다.
   2) 서로 돌아가며 단어 하나를 지목하고, 그 감정을 느꼈던 경험을 말합니다.
   3) 상대가 그 감정을 맞히면 해당 칸을 지웁니다.
   4) 맞힌 사람은 보너스로 단어를 하나 더 지울 수 있습니다.
   5) 5 빙고를 먼저 완성한 사람이 승리합니다.

3. 기대 효과: 감정 표현 어휘 확장, 정서 이해, 감정에 따른 말하기 능력 향상

> ⚠ 효과 up! 재미 up! **실전 노하우**
>
> 아이가 감정 표현을 망설일 경우, 비슷한 감정을 먼저 예시로 말해주면 훨씬 수월하게 시작합니다.
>
> 표현이 어려우면 처음에는 초성으로 퀴즈를 내도 좋습니다.

[놀이 2. 감정 셔플 스피치]

1. 준비물

    1) 감정 카드 (슬픔, 당황, 기대, 초조, 죄책감, 안심, 허탈, 의심 등 다양하게)

    2) 상황 카드

    예: "시험 성적을 받아드는 순간", "친구가 나 대신 발표했을 때" 등

2. 진행 방법

    1) 감정 카드 1장 + 상황 카드 1장을 뽑습니다.

    예: '의심' + '친구가 갑자기 칭찬해줬을 때'

    2) 아이는 그 상황에서 해당 감정을 느끼며 1~2문장 말하기

    예: "갑자기? 평소엔 관심도 없더니 왜 그러지…? 뭔가 꿍꿍이 속 있는 거 아냐?"

3) 가족은 그 감정이 무엇인지 맞히고, 감정 단어가 제대로 표현되었는지 피드백

4) 어려운 아이에겐 감정 힌트 예시 문장을 먼저 보여줘도 좋아요

3. 기대 효과 : 감정 어휘 다양화, 감정 중심 문장 구성력 향상, 감정을 목소리 억양과 어휘로 자연스럽게 표현하는 연습

> ⚠ 효과 up! 재미 up! **실전 노하우**
>
> 감정 단어를 미리 나열해서 익숙하게 만든 뒤 진행하면 훨씬 수월해요. 아이가 감정을 표현하면 "정확해! 그 말투에 진짜 의심이 느껴졌어!" 같은 구체적인 피드백을 주세요. 같은 상황에 감정만 바꾸는 것도 응용 가능합니다. (슬픔 vs 분노 vs 초조 vs 실망)

표현력은 '재료'가 있어야 자란다

아이의 표현력은 단지 말하기 훈련으로 길러지지 않습니다. 표현은 생각과 감정, 경험이라는 '재료'가 쌓일 때 비로소 힘을 가집니다. 놀이는 그 재료를 쌓는 훌륭한 과정입니다. 아이가 자신 있게 말할 수 있도록, 실수하더라도 끝까지 들어주고, 그 말이 세상에서 가장 소중한 이야기라는 듯 반응해 주세요. 표현력은 그렇게 자랍니다.

5
비언어적 표현도 강력한 소통 도구다

아이의 표현력, 말이 전부일까요?

"우리 아이는 말은 잘하는데, 발표에서 전달력이 부족해요."

"논리적으로 말하지 못해요."

이런 말은 많이 듣습니다. 그런데 혹시 이런 말은 들어보셨나요?

"우리 아이는 발표할 때 표정이 참 좋았어요."

"몸짓과 눈빛에서 이야기를 얼마나 즐기는지가 느껴졌어요."

많은 부모가 아이의 말하기에서 '조리'와 '논리'를 중요하게 생각합니다. 물론 중요합니다. 하지만 아이가 세상과 소통하는 방식은 단지 말로만 이루어지지 않습니다. 눈빛, 표정, 손짓, 자세, 이 모든 것이 말과 함께 '의미'를 전달하는 도구입니다. 아이의 표현력은 입에서만 나오는 것이 아닙니다. 온몸으로 말하는 아이가 진짜 말 잘하는 아이입니다. 아이의 비언어 표현력은 생각보다 훨씬 더 빠르게 발달합니다. 말을 배우기 전부터 아기는 눈빛과 웃음, 몸짓으로 세상과 교류합니다. 언어 이전의 언어, 바로 비언어입니다.

  그런데 이 강력한 표현력은 자주 간과됩니다. 왜냐하면 '조리 있게 말하기'처럼 눈에 보이는 성취처럼 측정하거나 비교하기가 어렵기 때문입니다. 그러나 실제 발표 상황이나 친구들과의 관계 속에서는 말보다 먼저 전해지는 것이 바로 이 비언어 표현입니다. 청중의 시선을 사로잡고, 설득력을 높이며, 말의 분위기와 감정을 완성하는 것은 결국 눈빛과 몸짓입니다.

  그렇다면, 비언어적 표현력을 어떻게 즐겁게 길러줄 수 있을까요?

연령별 비언어 표현 놀이

유아기 (4~6세)

[놀이 1. 표정 따라잡기]

1. 준비물: 거울 또는 표정 카드

2. 진행 방법
    1) 부모가 다양한 표정을 지어 보입니다 (화난 얼굴, 놀란 얼굴, 기쁜 얼굴 등)
    2) 아이가 거울을 보며 똑같이 따라 해봅니다.
    3) 아이가 표정을 짓고, 부모가 그 감정을 맞히기

3. 기대 효과: 감정 인식, 표정 조절, 공감 능력 향상

> ⚠ 효과 up! 재미 up! **실전 노하우**
>
> 아이가 어색해할 수 있으니 엄마가 먼저 생동감 넘치는 표정을 보여주세요. 인형을 활용해 "이 인형은 어떤 표정을 짓고 있을까?" 식으로 말로 먼저 접근해도 좋아요.

[놀이 2. 동작으로 말해요]

1. 준비물: 단어 카드 (과일/동물/음식/동사 단어 등등)

2. 진행 방법

   1) 카드를 뽑고 소리, 말없이 몸으로 표현하기
   2) 부모가 맞히고, 반대로 부모가 표현한 것을 아이가 맞히기

3. 기대 효과: 몸짓 표현력, 감정 전달력, 표현 감각 키우기

> ⚠️ 효과 up! 재미 up! **실전 노하우**
>
> 정답을 맞히는 것보다 "그 표정 보니까 느낌이 전해졌어!" "소리가 없어도 생생하게 전달되네!" 하는 반응이 더 중요해요.

초등 저학년 (1~3학년)

[놀이 1. 표정 몸짓 따라 상황 맞히기]

1. 준비물: 상황 카드 or 감정 카드

   예: "친구가 갑자기 내 이름을 불렀다", "선생님이 칭찬했다" 등

2. 진행 방법

   1) 아이가 카드 한 장을 뽑습니다. (상황 or 감정).

   2) 말없이, 표정과 몸짓만으로 그 상황을 표현합니다.

      예: 친구가 갑자기 이름 불렀을 때 → 놀란 표정, 뒤돌아보며 눈이 커짐

      선생님이 칭찬했을 때 → 어깨 펴고, 환하게 웃으며 손으로 엄지 척

   3) 부모는 그 감정이나 상황을 맞혀봅니다.

   4) 역할을 바꿔 부모가 표현하고 아이가 맞히는 것도 가능!

3. 기대 효과

표정과 몸짓의 의미 인식, 감정 전달력 향상, 스피치 상황에서도 몸의 사용을 자연스럽게 익히는 계기

> ⚠ 효과 up! 재미 up! **실전 노하우**
>
> "어깨가 움츠러든 거 보니까 뭔가 걱정하는 것 같았어~"처럼 아이가 보인 표현에 대해 구체적으로 언급하며 피드백 주세요. 감정을 맞히는 데에만 집중하기보다 "그 감정을 왜 느꼈을까?"까지 자연스럽게 연결되면 더 좋아요. 자연스럽게 있었던 일과 연결하는 것도 좋습니다.

[놀이 2. 표정 빙고 챌린지]

1. 준비물: 빈 빙고판(3×3 또는 4×4)

   감정 카드 or 표정 카드 (직접 단어 써도 OK!)

   예: 깜짝 놀람 / 억울함 / 심술 / 만족 / 의심 / 뿌듯함 / 창피함 등

2. 진행 방법

   1) 감정 단어 중 마음에 드는 것 9개를 빙고 판에 적습니다.

      예: "당황", "기대", "부끄러움", "짜증" 등

2) 돌아가면서 각자 감정 하나를 표정으로 표현합니다.

   * 말은 절대 금지! 표정만으로 표현해야 합니다.

3) 상대방이 그 감정을 맞히면 해당 칸을 지우고, 빙고를 완성해 나갑니다.

4) 제한시간 5초 안에 표현하지 못하면 기회 패스!

5) 게임성이 있어야 몰입도가 높아져요.

3. 기대 효과

감정 어휘와 표정 연결 훈련, 감정을 표정으로 정확하게 구분하고 전달하는 표현력 강화, '말보다 먼저 표현하는 힘' 체감

! 효과 up! 재미 up! **실전 노하우**

표정을 맞힐 때 단순히 "기쁨!" 하고 끝내기보다 "입꼬리가 올라간 게 진짜 기뻐 보였어~"처럼 세세한 부분을 언급하며 피드백 주세요. 너무 웃긴 표정이 나와도 "표정이 엉망이라서 더 멋졌어!" 같은 유쾌한 격려는 필수!

초등 고학년 (4~6학년)

[놀이 1. 표정 스냅 챌린지]

1. 준비물: 스마트폰 카메라, 감정 단어 리스트

2. 진행 방법

   1) 다양한 감정(당황, 억울, 짜증, 기쁨 등)을 카드로 뽑아 해당 표정을 제한 시간(5초) 안에 짓고 촬영하기

   2) 모아서 가족이 감정 맞히기 퀴즈

3. 기대 효과: 감정 어휘 확장, 얼굴 근육 인식, 감정 표현 정확도 향상

> ❗ 효과 up! 재미 up! **실전 노하우**
>
> "이 표정은 진짜 드라마 주인공 같았어!" 같은 현실감 있는 반응이 몰입을 높여줘요.
>
> 같은 감정이지만 서로 다른 표정을 비교해보며 이야기 나누는 것도 서로에 대해 더욱 이해하는 계기가 됩니다.

[놀이 2. 감정만으로 스토리 연기]

1. 준비물: 감정 단어 카드, 주제 카드 (예: "오늘 있었던 일 중 하나")

2. 진행 방법
   1) 아이가 주제 하나를 정하고, 감정 카드도 하나 뽑습니다.
   2) 말은 최대한 짧게 하되, 몸짓, 표정, 말투로 그 감정을 담아 표현하기
   3) 부모는 "왜 그 감정을 느꼈는지" 유추해보기

3. 기대 효과: 감정 이입력, 비언어-언어 통합 표현력, 연기력 + 스피치력 강화

⚠️ 효과 up! 재미 up! **실전 노하우**

아이의 표현이 감정을 담고 있었다면 꼭 언어로 칭찬하고 해당 감정에 공감해주세요. "네 눈빛에 정말 슬픔이 보였어."

비언어는 말보다 먼저 말을 건다

우리는 아이가 말을 잘하길 바라며, '조리 있게 말해야 한다', '논리적으로 설명해라'라고 말합니다. 하지만 정작 그 아이가 발표할 때 손을 모으고 있거나, 눈을 반짝이며 말하고 있는 모습은 놓치고 있지는 않았나요? 비언어는 말보다 먼저 상대의 마음을 흔듭니다. 말에 감정을 담아주고, 분위기를 만들고, 메시지를 강화합니다. 그리고 아이들은 놀라울 만큼 자연스럽게 몸으로 감정을 표현할 줄 압니다. 이제는 아이의 말에만 귀를 기울이지 말고, 아이의 몸짓에도 귀 기울여 주세요. 아이가 손으로, 눈으로, 표정으로 말하는 그 순간이야말로, 진짜 표현력의 시작점입니다. 온몸으로 말하는 아이는 결국, 마음을 움직이는 아이로 자랄 수 있습니다.

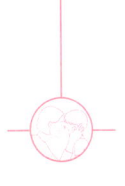

6

순발력 있는 말하기의 비밀

순발력 있는 말하기, 왜 중요할까요?

순발력은 단순히 말이 빠르다는 뜻이 아닙니다. '상황에 맞춰 빠르게 생각하고, 그 생각을 말로 자연스럽게 옮기는 능력', 즉 즉흥적으로 사고를 말로 전환하는 능력입니다.

이 능력이 발달하면 아이는 발표나 질문 상황에서 당황하지 않고 반응할 수 있고, 토론이나 대화 속에서도 자신 있게 자기 생각을 펼칠 수 있습니다. 무엇보다도 말에 대한 '두려움'이 줄어들고, 말하기 자체를 유쾌하게 즐기게 됩니다. 그리고 이 순발력은 타고나는 것이

아닙니다. 일상 속 말놀이를 통해 충분히 훈련되고 확장될 수 있는 능력입니다.

연령별 순발력 말하기 놀이

유아기 (4~6세)

[놀이 1. 과일 탁! 게임]

1. 준비물: 없음 (손바닥과 리듬만 있으면 OK!)

2. 진행 방법

   1) "딸기~" 하면 손뼉 한 번! "사과~" 하면 손뼉 두 번!
   2) 그런데 "바나나~" 하면 손뼉 치면 안 돼요!
   3) 순서를 섞으며 빠르게 외치고, 아이가 리듬+기억+말 반응을 동시에 하도록 해요.

3. 기대 효과: 리듬 타며 말하는 재미 → 말에 대한 즉각 반응력 향상

> ⚠ 효과 up! 재미 up! **실전 노하우**
>
> 실수해도 "우와! 이번엔 속았지?" 하고 웃으며 다시 해주세요. 말의 순발력은 '실패를 허용하는 분위기'에서 자랍니다.

[놀이 2. 동물 한마디]

1. 준비물: 동물 카드 또는 동물 인형

2. 진행 방법

   1) 동물 인형을 하나 꺼냅니다.

      예: 강아지

   2) 부모가 상황을 말해요: "강아지가 배가 고파요!"

   3) 아이는 동물이 된 듯 한마디 해요

      예: "으엥! 밥 주세요~" 또는 "나 간식 먹고 싶어!" 웃기게 말할수록 재밌습니다!

3. 기대 효과: 감정→말 연결력, 역할 놀이 기반 즉흥 표현

> ⓘ 효과 up! 재미 up! **실전 노하우**
>
> 아이가 망설이면 "강아지가 화가 나면 어떻게 말할까?" 하고 도와주세요.
> 대답보다 "생각하고 말할 틈"을 주는 것이 핵심이에요.

초등 저학년 (1~3학년)

[놀이 1. 3초 내 대답!]

1. 준비물: 질문 리스트 (준비하거나 즉석에서 만들어도 됨)

2. 진행 방법

　　1) 부모가 질문합니다.

　　　　예: "지금 먹고 싶은 음식은?", "좋아하는 동물은?"

　　2) 아이는 3초 안에 대답해야 합니다. 못하면 "다음 질문!" 넘어가기

3. 기대 효과: 빠른 반응력, 자기표현 습관 형성

> ❗ 효과 up! 재미 up! **실전 노하우**
>
> 정답보다는 반응 속도에 집중해서 격려해주세요.

[놀이 2. 동시 말하기 퀴즈]

1. 준비물: 주제 카드, 타이머

2. 진행 방법

   1) 부모와 아이가 동시에 주제를 듣고 (예: "색깔") 타이머 소리와 동시에 서로 단어를 외칩니다.

   2) 같은 단어가 나오면 하이파이브! 다르면 서로 다른 단어의 이유를 말해보기

3. 기대 효과: 순발력 + 말하기 즐거움 + 사고 전환

⚠️ 효과 up! 재미 up! **실전 노하우**

게임처럼 진행해 아이의 몰입감을 끌어올리세요! 엄마가 에너지 넘치게 이끌어줘야 아이도 몰입감이 높아집니다.

초등 고학년 (4~6학년)

[놀이 1. 똑같이 말하지 마!]

1. 준비물: 문장 카드

   예: "오늘은 재미있었다", "배가 고프다"

2. 진행 방법

   1) 부모가 평범한 문장을 말합니다

   2) 아이는 같은 뜻이지만 다른 표현으로 바꿔 말해야 합니다

     예: "오늘은 재미있었다" → "진짜 시간 가는 줄 몰랐어"

3. 기대 효과: 어휘 활용력, 발화 순발력, 표현 다양성

> ⚠️ 효과 up! 재미 up! **실전 노하우**
>
> 비슷한 문장을 만들어도 "와~ 진짜 풍부하게 표현했네!" "그런 표현도 할 수 있구나!" "아 엄마는 생각하지 못한 표현인데~" 칭찬 필수!

[놀이 2. 반전 스토리 릴레이]

1. 준비물: 없음

2. 진행 방법

   1) 돌아가며 한 문장씩 이야기를 이어가기 (릴레이 스토리)

   2) 단, 앞사람과 전혀 다른 방향으로 이야기 흐름을 반전시켜야 함

     예: "그날 밤, 나는 별을 봤다"

→ "그런데 별이 갑자기 말하기 시작했다"

3. 기대 효과: 창의적 사고, 빠른 반응, 상황 전환 순발력 향상

> ⚠️ 효과 up! 재미 up! **실전 노하우**
>
> 엉뚱한 이야기도 끝까지 들어주는 게 핵심입니다. 웃어주세요! 끊지 말고 끝까지 표현하게 해주세요.

순발력은 '센스'가 아니라 '훈련'입니다

우리는 종종 말 잘하는 아이를 보고 "센스가 있다"라고 합니다. 하지만 말하기 순발력은 타고나는 감각이 아니라, 놀이 속에서 키워지는 말 습관입니다. 생각이 떠오르는 대로 말해보는 것, 엉뚱하게 말해도 혼나지 않는 것, 그리고 그 순간에 '말할 수 있었던 경험'이 쌓이면서 아이는 말하는 사람이 됩니다. 아이에게 필요한 건 정답이 아니라 지금 생각난 걸 말해봐도 괜찮다는 허용입니다. 그 허용이 누적될 때, 아이의 말하기는 순발력이라는 이름의 날개를 달고 날기 시작할 것입니다.

7

의미 있는 수다 시간을 만들어라

왜 수다 시간이 말하기 능력을 키우는가?

"우리 아이는 발표 연습을 많이 했는데 왜 말이 매끄럽지 않을까요?"
"자기 생각을 말하라고 하면 막막해해요."

많은 부모가 '말하기 능력' 하면 발표, 토론, 스피치 등을 떠올립니다. 물론 그런 공식적인 말하기도 중요합니다. 하지만 실제로 아이의 말문을 여는 힘은 다름 아닌 '수다'에서 나옵니다. 수다는 말의 실험장이자 표현의 연습장입니다. 틀려도 되고, 중간에 끊어도 되고, 주제가 옆으로 새도 괜찮습니다. 이런 편안한 말하기 환경이 아이의 말하는 자신감과 순발력, 감정 표현 능력을 길러주는 겁니다. 무대 위 말은 기술이고, 수다 속 말은 자기다움이 묻어나는 말입니다. 그리고 자기다움이 담긴 말이야말로, 진짜 듣고 싶은 말입니다.

연령별 수다 훈련 놀이

유아기 (4~6세)

[놀이 1. 그림 한 장 수다 놀이]

1. 준비물: 일상 장면이 담긴 그림책 또는 그림 자료

2. 진행 방법

   1) 그림을 보여주고 "여기서 무슨 일이 벌어지고 있을까?" 이야기 나누기

   2) 등장인물의 마음 상상하며 말 붙이기

      예: "이 아줌마는 지금 뭐라고 말할까?"

3. 기대 효과: 상상력, 관찰력, 감정 언어화 훈련

> ⚠ 효과 up! 재미 up! **실전 노하우**
>
> 아이가 중간에 말을 멈춰도, 어른으로서는 이해되지 않는 말을 해도 기다리고 끝까지 들어주세요. 이어 말할 수 있는 여유와 끝까지 표현하는 자유가 '**수다력**'이 열쇠입니다.

[놀이 2. 수다 인형극]

1. 준비물: 인형 2~3개, 작은 무대 (상자도 OK)

2. 진행 방법

   1) 인형을 등장시켜 자유롭게 대화 나누기 (주제 없이 시작해도 좋아요!)

   예: "학교 다녀왔어!" "응, 근데 기분이 좀 이상해…"

   → 수다식 대화로 이어가기

3. 기대 효과: 감정 표현 + 자연스러운 대화 흐름 훈련

> ⚠ 효과 up! 재미 up! **실전 노하우**
>
> 인형에 익숙하지 않으면 캐릭터 스티커나 그림으로도 대체 가능! 자녀의 일상과 너무 깊이 연결 지으려 하면 부담스러울 수 있으니 가볍게 시작해주세요!

초등 저학년 (1~3학년)

[놀이 1. 오늘의 수다 타임]

1. 준비물: 없음 (정해진 시간만 있으면 OK!)

2. 진행 방법

    1) 매일 같은 시간에 "오늘 있었던 일 중 가장 (감정)했던 일~"로 시작

    2) 부모도 함께 자기 이야기를 나눕니다

3. 기대 효과: 일상 속 말 습관, 말의 흐름 만들기, 감정 공유 능력

> ⚠️ 효과 up! 재미 up! **실전 노하우**
>
> 아이가 "모르겠어"라고 하면 "그럼 오늘 제일 짧았던 순간은?" 같이 깊은 감정이 아니라, 가벼운 감각 질문으로 이어주세요!

[놀이 2. 상상 인터뷰]

1. 준비물: 마이크 장난감 or 손 마이크 역할용 소품

2. 진행 방법

   1) 아이가 유명 인사가 되었다고 가정하고 부모가 인터뷰 진행

      예: "지금 베스트셀러 작가가 되셨는데요, 소감은?"

   2) 아이도 부모를 인터뷰해보기

3. 기대 효과: 질문—응답 구조 연습, 자기 생각 정리력

> ⚠️ 효과 up! 재미 up! **실전 노하우**
>
> 질문을 무겁게 던지지 말고 웃기고 엉뚱한 질문도 적극 활용!
> 엄마가 정하는 상황보다는 다소 엉뚱하더라도 아이가 원하는 상황 속에서 진행하는 것이 아이에게는 더 흥미롭습니다.

초등 고학년 (4~6학년)

[놀이 1. 찬반 없이 말하기 게임]

1. 준비물: 주제 카드

   예: "스마트폰이 꼭 필요한가요?", "반장은 꼭 인기 많아야 하나요?"

2. 진행 방법

   1) 찬성/반대 없이, 그 주제에 대해 내 생각을 말해보기

   2) 자유롭게 이야기 나눈 뒤 "이야기 잘했다~"로 마무리

3. 기대 효과: 부담 없는 생각 말하기 훈련, 자기 논리 연습

⚠️ 효과 up! 재미 up! **실전 노하우**

"그 말 들으니까 다른 생각도 드네~"처럼 대화를 자연스럽게 연결해 다음 이야기를 이끌어주세요!
"그렇게 생각할 수도 있구나" 인정하는 멘트는 필수!

[놀이 2. '있었던 일' 살 붙이기]

1. 준비물: 없음

2. 진행 방법

   1) 실제로 오늘 있었던 일을 이야기하면서 중간에 살을 붙이기

      예: "학교 끝나고 집 왔어." → "그런데 집에 왔더니 고양이가 날 기다리고 있었어!"

2) 반대 상황으로 상상 바꾸기도 가능

3. 기대 효과: 창의적 말 확장, 이야기 전개력 훈련

> ❗ 효과 up! 재미 up! **실전 노하우**
>
> 살을 붙이기 어려워한다면 엄마가 먼저 본보기를 보여주세요. 엄마의 말이 풍부해지면 아이도 자연스럽게 말에 살이 붙습니다.
> 아이가 주도적으로 만든 이야기의 흐름을 따라가 주세요. "그다음은?" 질문이 핵심입니다.

수다는 '가벼운 말'이 아니라 '진짜 말'입니다

수다는 중요하지 않은 말, 의미 없는 말이 아닙니다. 오히려 아이의 언어 습관과 사고 흐름, 감정 표현을 가장 자유롭게 이끌어내는 최고의 말하기 도구입니다. 말이 잘 통하는 아이는, 결국 말할 수 있는 일상을 가진 아이입니다. 그 일상을 만들어주는 가장 좋은 방법은 매일 10분, 엄마 아빠와 수다 떠는 시간이죠. 수다를 시작하세요. 말이 느는 건, 그다음입니다.

8

공감 능력, 엄마와 함께 키우기

공감력이 말하기에 중요한가?

 말을 잘하는 아이는 많습니다. 하지만 그 말이 누군가에게 위로가 되고, 용기가 되고, 함께 있고 싶은 말이 되려면 반드시 필요한 능력이 하나 있습니다. 바로 공감력입니다. 말을 잘하는데 친구 관계가 힘든 아이, 발표는 잘하지만, 상대방의 반응을 살피지 않는 아이는 공감 없는 말하기의 대표적인 사례입니다. 공감력은 단순히 '친구를 안타깝게 여기는 마음'이 아니라, 다른 사람의 마음을 상상하고, 나의 말이 그 마음에 어떤 영향을 미칠지 예측하는 능력입니다. 공감력이 뛰어난 아이는 말할 때 '나의 감정'뿐 아니라 '상대의 감정'도 함께 생각합니다. 그래서 공감력은 말의 품격과 관계를 만드는 핵심 요소라고 할 수 있습니다. 무엇보다 중요한 사실은, 공감력은 부모와의 일상 대화 속에서 놀이처럼 길러질 수 있다는 것입니다.

연령별 공감력 놀이

유아기 (4~6세)

[놀이 1. 표정 카드 맞히기]

1. 준비물: 다양한 감정이 담긴 얼굴 그림 카드 (웃음, 울음, 무표정, 화남 등)

2. 진행 방법
   1) 아이에게 감정 얼굴 카드를 보여주고 감정 이름 맞히기
   2) "이 아이는 왜 이런 표정을 지었을까?" 물어보며 상황 상상하기

3. 기대 효과: 감정 인식력, 타인 감정 추론력 향상

⚠ 효과 up! 재미 up! **실전 노하우**

아이가 말한 이유가 엉뚱해도 "그럴 수도 있겠다~" 하며 격려해주세요. 엄마의 생각도 자유롭게 표현해주세요. 아이도 '그럴 수도 있겠구나~'라는 것을 배우며 시야를 확장할 수 있습니다.

[놀이 2. 인형 역할 바꾸기]

1. 준비물: 아이가 좋아하는 인형 2개

2. 진행 방법

   1) 부모가 A 인형, 아이가 B 인형 역할을 맡고 대화 시작

   2) 도중에 역할을 바꿔 서로 감정 표현 바꿔 말하기

      예: "난 너한테 속상했어!" → "미안해, 그럴 줄 몰랐어."

3. 기대 효과: 감정 표현과 이해의 상호 작용 경험

> ⓘ 효과 up! 재미 up! **실전 노하우**

"너였다면 어땠을까?"라는 질문을 자주 넣어주세요.
아이에게 익숙한 공간이나 상황 속에서의 대화로 진행하면 좋습니다.

초등 저학년 (1~3학년)

[놀이 1. 감정 그림책 읽고 대사 바꾸기]

1. 준비물: 감정이 중심이 되는 그림책

2. 진행 방법

   1) 그림책을 함께 읽고, 등장인물의 대사를 바꿔보기

      예: "난 화났어!" 대신 "나는 좀 속상했어…"

   2) 왜 그렇게 바꾸었는지도 함께 이야기해보기

3. 기대 효과: 감정 어휘 다양화, 감정 조절 표현 능력 향상

> ⚠️ 효과 up! 재미 up! **실전 노하우**
>
> 등장인물의 입장에서 '네가 친구라면 뭐라고 해줄래?' 질문해보세요.
> 왜 그렇게 바꾸었는지 이유를 묻고 답할 수 있게 유도해주세요.

[놀이 2. 나의 오늘 마음 3단계 말하기]

1. 준비물: 없음

2. 진행 방법

   1) 오늘 있었던 일 중 인상 깊었던 순간을 1가지 고르기

   2) 그 상황에서 (1) 내가 느낀 감정 (2) 상대방은 어땠을까? (3) 지금 다시 말한다면? 말해보기

3. 기대 효과: 자기 감정 이해 → 타인 감정 상상 → 말로 풀기 훈련

> ⚠️ 효과 up! 재미 up! **실전 노하우**
>
> 하루 5분 '감정 대화 타임'으로 루틴을 만들어보세요.

초등 고학년 (4~6학년)

[놀이 1. 상황 바꿔 말하기]

1. 준비물: 상황 카드

    예: "친구가 나를 무시했을 때", "내 실수로 친구 물건이 망가졌을 때" 등

2. 진행 방법

    1) 상황을 읽고, (1) 감정 표현 + (2) 상대의 관점에서 말 바꾸어 표현해보기

    예: "기분 나빴어" → "그 친구는 왜 그렇게 말했을까?"

3. 기대 효과: 감정 전환 사고, 말의 유연성 훈련

> ⚠️ 효과 up! 재미 up! **실전 노하우**
>
> "너라면 그렇게 안 할 수 있었을까?" 같은 반문도 효과적입니다.

[놀이 2. 공감 인터뷰 놀이]

1. 준비물: 없음 (종이와 펜 정도)

2. 진행 방법
   1) 가족 중 한 명이 인터뷰 대상, 아이가 인터뷰어가 됩니다
   2) "최근 속상했던 일 있어요?", "그때 어떤 기분이었어요?" 등 감정 중심 질문
   3) 들은 뒤 아이가 "저였다면…" 하고 공감 멘트 해보기

3. 기대 효과: 타인 감정 경청 + 정서적 대응 훈련

> ⚠️ 효과 up! 재미 up! **실전 노하우**
>
> 아이가 공감 표현을 했을 땐 "그 말 들으니까 진짜 위로된다." 하고 공감 표현에 대해 긍정적으로 반응해 주세요.

공감은 말에 온기를 더하는 기술입니다

공감력은 그냥 착한 마음에서 나오는 것이 아닙니다. 감정을 알아차리고, 표현하고, 나눌 수 있는 훈련을 통해 길러지는 기술입니다. 말을 잘하는 아이는 많습니다. 하지만 말을 듣고 싶게 하는 아이, 말이 누군가의 마음에 닿는 아이는 공감력이 있는 아이입니다. 오늘 아이가 어떤 말을 했는지가 아니라, 그 말 속에 누군가의 감정을 얼마나 담아내고 있었는지에 귀 기울여 주세요. 그것이 아이의 말하기를 '기술'이 아닌 '소통의 힘'으로 자라나게 합니다.

9
질문하는 아이를 만드는 놀이

왜 '질문 잘하기'가 중요한가?

"혹시 궁금한 사람?"

선생님의 이 말에 아무도 손을 들지 않으면, 수업은 일방통행이 됩니다. 질문은 단순한 궁금증이 아닙니다. 질문은 '나는 지금 생각 중입니다'라는 표현입니다. 그리고 그 생각을 바깥으로 꺼내는 가장 용기 있는 말입니다. 질문을 잘하는 아이는 수업이나 대화 중 집중력과 이해도가 높고, 새로운 것을 배울 때 자기 주도적으로 탐색하며, 무엇보다 자기 생각을 언어로 정리하는 힘이 자랍니다. 하지만 질문은 쉬운 능력이 아닙니다. 어떤 걸 물어야 할지 모르는 경우도 많고, 질문이 이상하게 들릴까 봐 말하지 못하는 아이도 많습니다. 그래서 질문을 만드는 연습이 필요합니다. 그 연습은 놀이를 통해 얼마든지 재미있게 만들어 줄 수 있습니다!

연령별 질문 놀이

유아기 (4~6세)

[놀이 1. 그림 속 궁금해!]

1. 준비물: 상황이 담긴 그림 자료 (아이 그림책 등)

2. 진행 방법

   1) 그림을 함께 보고 "여기서 뭐가 궁금할까?"를 이야기해봅니다

      예: "이 아이는 왜 울고 있을까?", "강아지는 어디를 보려는 걸까?"

   2) 아이가 만든 질문은 부모가 꼭 '정말 좋은 질문이야!'라고 반응해 주기

3. 기대 효과: 관찰력, 질문 구성력, 표현력 향상

> ⓘ 효과 up! 재미 up! **실전 노하우**
>
> 엉뚱해도 좋습니다. 어떠한 질문이라도 질문을 만들었다는 것 자체가 성공이에요!

[놀이 2. 왜? 왜? 놀이]

1. 준비물: 없음

2. 진행 방법

　1) 엄마가 일상 상황을 하나 제시합니다.

　　예: "햇빛이 너무 따가워!"

　2) 아이에게 "왜 따가울까?", "햇빛은 왜 있을까?" 등 '왜'를 넣어 반복해 묻습니다.

　3) 반대로 엄마가 대답해주고, 아이에게 '왜' 주도권을 넘깁니다.

3. 기대 효과: 인과적 사고, 생각 이어가기

> ⚠ 효과 up! 재미 up! **실전 노하우**
>
> "왜?"가 이어질수록 칭찬해주세요. "와~ 과학자 같다!"

초등 저학년 (1~3학년)

[놀이 1. 질문 사탕 뽑기]

1. 준비물: 종이에 질문이 적힌 사탕 뽑기(질문 뽑기 통)

2. 진행 방법

   1) 질문 카드를 뽑고 상대에게 질문하기

      예: "오늘 제일 웃겼던 일은?", "가장 좋아하는 동물은?"

   2) 질문자가 질문을 하나 바꾸어 새롭게 만들어보기

      예: "가장 좋아하는 동물은?" → "그 동물의 어떤 점이 좋아?"

3. 기대 효과: 질문 감각, 구체화 연습

> ⚠️ 효과 up! 재미 up! **실전 노하우**
>
> 질문의 톤이 예의 바르거나 눈을 마주치며 질문할 경우 "이렇게 질문하니 기분이 더 좋다"라는 피드백을 주세요.

[놀이 2. 만약 나라면 질문]

1. 준비물: '만약' 상황 카드 (예: "내가 동물원 원장이 된다면?")

2. 진행 방법

   1) 아이가 카드를 뽑고, 그 상황에서 궁금한 질문 2가지 만들어보기

      예: "원숭이는 밥을 하루 몇 번 먹을까?", "사자는 낮잠을 잘까?"

2) 부모와 역할극도 함께 가능

3. 기대 효과: 상상 기반 질문 만들기, 정보 탐색 욕구 자극

> ❗ 효과 up! 재미 up! **실전 노하우**
>
> "그런 질문은 꼭 조사해보고 싶다!"라는 말로 호기심을 응원해주세요.

초등 고학년 (4~6학년)

[놀이 1. 질문 이어 말하기]

1. 준비물: 없음

2. 진행 방법

   1) 부모가 한 가지 질문을 합니다: "왜 요즘 비가 자주 오지?"

   2) 아이는 그 질문에 대한 '관련 질문'을 덧붙입니다: "그럼 비가 자주 오면 좋은 점은 뭘까?"

   3) 돌아가며 질문만 이어가기 (답은 하지 않음!)

   4) 질문을 이어가지 못하는 사람이 지는 게임입니다.

3. 기대 효과: 사고 확장력, 연결 질문 능력 훈련

> ⓘ 효과 up! 재미 up! **실전 노하우**
>
> 가장 기발했던 질문을 '오늘의 베스트 질문'으로 뽑아주세요!

[놀이 2. 질문 폭탄 돌리기 게임]

1. 준비물: 모형 마이크

2. 진행 방법

   1) 타이머로 시간을 정합니다.

   2) 첫 번째 사람이 오른쪽 사람에게 마이크를 넘기며 질문을 합니다.
      예: 가장 좋아하는 음식은 무엇인가요?

   3) 마이크를 받은 사람은 질문에 대한 답을 한 뒤, 그다음 사람에게 또 질문해야 합니다.

   4) 앞사람이 한 질문은 반복해서 할 수 없습니다.

   5) 7초 안에 질문을 못 하거나, 마이크를 들고 있는 순간 타이머가 울리면 지는 게임입니다.

3. 기대 효과: 유연한 표현력, 즉흥 사고, 질문 말 습관

> ⓘ 효과 up! 재미 up! **실전 노하우**
>
> 다른 사람에게 건넬 수 있는 다양한 질문의 예시를 먼저 보여주고 시작해도 좋습니다. 대답할 때에는 완성된 문장으로 대답하는 연습을 합니다.

질문은 생각의 언어입니다

아이의 질문이 많다는 건, 세상에 호기심이 많다는 뜻입니다. 그리고 질문을 잘 던질 줄 아는 아이는 생각하고 표현할 줄 아는 아이입니다. 중요한 건 '대답 잘하는 아이'보다 '질문을 먼저 던질 수 있는 아이'로 키우는 것. 그 시작은 "무슨 질문을 할 수 있을까?" 하고 묻는 엄마의 태도에서 시작됩니다. 놀이처럼 질문을 시작하세요. 질문은 아이의 말문을 여는 또 다른 열쇠입니다.

CHAPTER
4

발표까지 자신 있는 아이로 키우는 특급 스킬 8가지

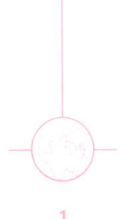

1
언제나 어디서나 가능한 자기소개 비법

자기소개, 왜 이렇게 어려울까요?

　초등학교 입학 전, 그리고 학기 초가 되면 어김없이 등장하는 말하기 과제—바로 '자기소개'입니다. 누군가를 처음 만나면 우리는 자연스럽게 자기소개를 합니다. "이름만 말하면 끝 아닌가요?"라고 쉽게 생각할 수도 있지만, 자기소개는 생각보다 쉽지 않습니다. 그 이유는 단순합니다. 자기소개는 낯선 환경에서, 낯선 사람들 앞에서 하는 말하기이기 때문입니다. 자신을 모르는 사람들 앞에서 자신의 이야기를 해야 한다는 건 어른에게도 긴장되는 일이지요. 그런데 이 두려움을 없애줄 방법은 딱 하나. 바로 '준비'입니다.

　실제 스피치 수업을 하면서 한 친구가 있었습니다. 이 친구는 유치원 때 친구들이 질문에 대답하는 것도 어려워했으며, 이 친구에게 친구들 앞에서 하는 발표는 당연히 어려운 미션이었습니다. 그런데 초등학교 입학 전 스피치 학원에 다니면서 말하기 경험을 쌓기 시작했고, 수많은 반복 연습 끝에 처음 가 본 문화센터 수업 첫날 놀라운 변화를 보여주었습니다. 처음 보는 친구들 앞에서 손을 번쩍 들어 자기소개를 한 것입니다. 아이는 분명 떨렸을 것입니다. 그런데도 나설 수 있었던 건, 어떤 자세로, 어떤 목소리로, 어떤 이야기를 해야 하는지 '준비되어 있었기 때문'입니다.

학교 현장에서는 이렇게 자기소개를 시킵니다!

성북구·강북구의 학교 사례를 보면, 자기소개는 새 학기 외에도 독서 수업 내 '나를 책으로 소개해요' 발표, 진로 탐색 시간, 동아리 활동 중 '우리 조를 소개합니다' 발표, 나를 스스로 자랑하는 '내 자랑 발표회' 등 다양한 활동 안에 포함되어 있습니다. 중학교에 가면 학생회 활동, 동아리 오디션, 면접형 수행 평가 등 자기소개는 더욱 구체적이고 빈도 높게 활용됩니다.

자기소개는 모든 말하기의 시작이자, 자신을 표현하는 가장 기본적인 능력입니다. 하지만 준비 없이 반복되는 자기소개는 아이에게 오히려 긴장감을 심어줄 수 있습니다. 말은 연습 없이 갑자기 잘할 수 없습니다. 특히 자기소개는 말할 재료가 있어야 말할 용기도 생기는 말하기입니다. 우리 아이가 언제 어디서든 "나는 이런 사람이에요!"라고 말할 수 있도록, 미리 나를 표현할 수 있는 재료를 준비시켜주세요. 그리고 언제, 어디서나 자신 있게 보여줄 수 있도록 마음의 준비를 도와주세요.

발표력을 키우는 스피치 워크북

[1단계: 자신에 대해 잘 알기]

자기소개를 잘하려면, 우선 자신을 잘 이해하는 아이가 되는 것이 시작입니다.

- 내가 좋아하는 것, 싫어하는 것, 잘하는 것, 되고 싶은 것 등 평소 자주 들을 수 있는 질문을 정리해보기

[2단계: 자기소개를 '3단계 버전'으로 나누기]

① 3초 버전 (이름 + 한마디)

　안녕하세요. 저는 김지민입니다. 앞으로 잘 부탁드려요!

② 10초 버전 (이름 + 좋아하는 것)

　안녕하세요, 저는 이태호입니다.

　제가 좋아하는 건 그림 그리기입니다.

　앞으로 친구들과 재밌게 지내고 싶습니다.

③ 30~60초 버전 (이름 + 3가지 이야기)

　안녕하세요, 저는 서하은입니다.

　지금부터 제가 좋아하는 것 3가지를 이야기해보겠습니다.

　첫 번째는 강아지입니다. 이유는….

　두 번째는 초록색이고, 세 번째는 떡볶이입니다.

　감사합니다!

　* 고학년이라면 좋아하는 것뿐 아니라, 싫어하는 것, 되고 싶은 것 등 주제를 넓혀서 이야기 구조를 풍성하게 만들 수 있습니다.

발표력을 키우는 스피치 워크북

[3단계: 자기소개 스크립트 예시]

초등학교 저학년

안녕하세요. 저는 ㅇㅇㅇ입니다.

지금부터 저에 대해 이야기해보겠습니다.

먼저 첫 번째, 제가 좋아하는 것은 _____입니다. 왜냐하면 _____때문입니다.

다음으로 두 번째, 제가 싫어하는 것은 _____입니다. 그 이유는 _____때문입니다.

마지막으로 제 꿈은 _____입니다. 제가 _____(이)가 되고 싶은 이유는 _____ 때문입니다. 이것으로 발표를 마치겠습니다. 감사합니다.

초등학교 고학년

안녕하세요. 저는 ㅇㅇㅇ입니다.

지금부터 저에 대해 이야기해보겠습니다.

먼저 첫 번째, 제 취미는 _____입니다.

제가 _____를 취미로 갖게 된 이유는 _____때문입니다.

다음으로 두 번째, 제 꿈은 _____입니다. 그 이유는 _____때문입니다.

저는 _____(이)가 되어서 _____를 이루고 싶습니다.

마지막으로 제가 가장 자신 있는 것은 _____입니다.

저는 _____ 잘하게 되었습니다.

앞으로 _____를 더 열심히 해서 _____도전하고 싶습니다.

앞으로 잘 부탁드립니다.

이것으로 제 소개를 마치겠습니다. 감사합니다.

발표력을 키우는 스피치 워크북

전문가의 핵심 비법

① 엄마, 아빠라면 이렇게 소개할 거야!" 엄마 아빠의 예시를 보여주세요.
② 거울 앞 발표, 영상 촬영 연습은 큰 효과를 줍니다.
③ 발표 후 "너의 장점이 잘 느껴졌어.", "멋진 친구 같아서 친해지고 싶은 마음이 들겠는걸?"와 같은 정서적 피드백을 잊지 마세요.

학년별 필수 능력은 발표력이 좌우한다

발표력, 학년별 필수 능력과 연결해서 봐야 합니다.

아이는 성장하면서 학년마다 반드시 갖춰야 할 핵심 능력들이 있습니다. 그런데 이 필수 능력들은 사실 대부분 '말하기', 즉 발표력과 밀접하게 연결되어 있습니다. 아이가 발표를 잘한다는 건 단지 말을 잘한다는 게 아닙니다. 자기표현, 독해력, 사고력, 논리력 등 학교에서 요구하는 기초 학습력 전반을 보여주는 척도이기도 합니다. 초등학교 교육 과정 흐름을 기반으로, 학년별로 어떤 능력에 집중해야 하고, 그 능력들이 어떻게 발표력과 연결되는지 살펴보겠습니다.

학년별 필수 능력 & 발표력의 연관성

① 1~2학년: 자기 표현력 & 공감력 → '자신 있게 자기표현을 하는 연습'
  - 필수 능력: 감정 표현, 자기소개, 질문·답변 경험, 친구와 감정 나누기

- 발표력 연결: 발표의 첫 단추인 '내 생각을 말하는 힘'이 이 시기에 형성됩니다.

전문가의 핵심 비법

❶ "오늘 뭐가 가장 좋았어?", "친구랑 무슨 일이 있었어?" 질문으로 매일 말문 열기
❷ 역할극, 그림책 말놀이, 자기소개 놀이 등으로 말하는 즐거움을 주기

② 3~4학년: 독해력 & 요약 능력 → '내용을 정리해서 말하는 연습'
 - 필수 능력: 책을 읽고 요약하기, 발표 주제 구성, 독후감/경험 말하기
 - 발표력 연결: 독서 발표, 경험 발표, 프로젝트 결과 발표 등 발표 기회가 본격적으로 늘어나므로, 보다 긴 내용을 말로 정리해서 표현하는 연습을 해야 합니다.

전문가의 핵심 비법

❶ 책을 읽고 "한 줄로 말하면?", "한 단어로 표현하면?" 질문 던지기
❷ 스피치 프레임: 언제-누가-무슨 일-왜-결과-느낀 점 6단계 말하기 구조 훈련
❸ 완전한 문장 구조로 말하는 연습과 함께 다양한 접속어를 활용하여 문장을 연결하는 연습

③ 5~6학년: 논리력 & 설득력 → '구성력 있게 말하는 훈련'
- 필수 능력: 의견 말하기, 주장과 근거 구성, 발표 자료 준비, 발표 대회 참여
- 발표력 연결: 말하기 평가·토론·PPT 발표가 수행 평가와 직접 연결됩니다.

전문가의 핵심 비법

❶ '찬반 토론 말하기' 주제를 정해 가족과 짧은 토론 해보기
❷ "왜 그렇게 생각해?" "그 말의 근거는 뭐야?" 질문으로 사고 정리 도와주기
❸ 도식화, 키워드 발표, 간단한 PPT 구성 연습 시작하기

발표력이 곧 학년별 기초 학습력이 됩니다

발표는 단지 말만 하는 게 아닙니다. 자기 생각을 정리하고, 상대에게 전달하고, 반응을 통해 말하는 힘을 키우는 종합 사고 활동입니다. 각 학년에 맞는 필수 능력을 중심으로 발표력을 단계별로 키워간다면, 아이의 표현력, 사고력, 학습력까지 함께 성장합니다. 지금 우리 아이가 어떤 학년에 있는지 돌아보고, 말을 통해 배움의 핵심 역량을 자연스럽게 쌓아갈 수 있도록 도와주세요.

3

웅얼웅얼하는 아이는 이것부터 챙겨라

학교에서는 또박또박 말하기를 중요하게 여깁니다

학년이 올라갈수록 학교에서는 발표 시 '목소리의 크기', '말의 정확성', '자신감 있는 태도'를 함께 평가합니다. 성북구·강북구 초등학교들의 수행 평가 항목에서도 발표력의 기본으로 또렷한 발음과 자신감 있는 전달이 강조되고 있습니다. 그런데 많은 아이가 발표 시간에 목소리가 작거나 웅얼웅얼 말해서 자신의 내용을 충분히 전달하지 못하곤 합니다. 이때 중요한 건 단순한 '발음 교정'이 아니라, 또박또박 말하는 습관과 자신감을 기르는 연습입니다.

스피치 자신감의 시작은 '입 모양 훈련'입니다

아이의 발음이 뭉개지고 웅얼거린다면, 우선 아이가 말할 때 입을 얼마나 움직이고 있는지부터 확인해보세요. 많은 경우, 특별한 언어 문제보다는 입 모양이 작고 습관적으로 덜 움직이는 것이 발음 문제로 이어집니다. 이 경우 아래와 같은 활동을 통해 아이의 입 모양과 발음 습관을 개선할 수 있습니다.

입 모양을 크고 정확하게 움직이면 목소리가 자연스럽게 커지고, 발음이 명확해지며, 말의 속도도 조절됩니다. 결국 '또박또박 자신 있게 말하는 아이'는 훈련과 습관으로 만들어집니다. 우리 아이가 사람들 앞에서 주저 없이 말할 수 있도록, '입 모양부터 시작하는 발표 자신감 훈련'을 지금부터 함께 해보세요.

발표력을 키우는 스피치 워크북

발표 자신감을 키우는 3단계 활동

① 활동 1. 거울을 보고 입 모양 따라 말하기
- 엄마·아빠와 거울을 보며 같은 단어를 반복해서 말해보기
- 서로의 입 모양을 관찰하면서 어떤 모음에서 어떤 입 모양이 나오는지 알아보기
- 모음(ㅏ, ㅑ, ㅓ, ㅕ …)을 말하며 입 모양을 그림으로 그려보거나, 엄마의 립스틱을 바르고 도화지에 입 모양을 찍어보면 더욱 효과적입니다.
  * 부모 팁: 아이가 좌우로만 입을 움직이거나 위아래만 움직이는지 점검해보세요. 정확한 입 모양을 보여주며 따라 하게 도와주세요.

② 활동 2. 입 모양만 보고 단어 맞히기 (음소거 퀴즈)
- 한 명이 단어 카드를 뽑아 입 모양만으로 그 단어를 표현하고, 상대가 맞히는 게임
- 소리를 내지 않고 입 모양만으로 의미를 전달하려면 자연스럽게 입을 크게 움직이게 됨
- 익숙해지면 문장 단위로 확장 가능
  *부모 팁: 단어 → 짧은 문장 순으로 난이도를 조절하며, 아이에게 '입 모양으로도 말이 전달될 수 있다'라는 것으로 입 모양의 중요성을 인지시켜주세요.

③ 활동 3. 모음자만 따로 읽는 훈련
- 전체 문장에서 자음은 생략하고 모음만 남겨 큰 소리로 읽어 보기
- 입 모양을 최대한 크게 움직여야만 정확히 발음할 수 있어, 입 훈련에 탁월
  * 예시 문장 (모음자 버전)
    나는 나다.
    ㅏ ㅡ ㅏ.

발표력을 키우는 스피치 워크북

나는 때로는 우울하고, 불안하고, 슬플 때도 있다.
ㅏㅐㅗㅡㅜㅜㅏㅗ, ㅜㅏㅗ, ㅡㅐㅗㅣㅏ.
때로 다른 사람보다 못나고 초라하게 느껴져서 힘들 때도 있다.
ㅐㅗㅏㅡㅏㅏㅗㅏㅗㅗㅗㅏㅔㅡㅕㅕㅣㅡㅐㅗㅣㅏ.
그래도 나는 나를 사랑하며 자랑스럽게 느낀다.
ㅡㅐㅗㅡㅏㅡㅏㅏㅕㅏㅡㅔㅡㅣㅏ.
이 세상에 나와 똑같은 사람은 존재하지 않는다.
ㅣㅔㅔㅏㅗㅏㅡㅏㅡㅐㅏㅣㅏㅏ.
나는 나만의 얼굴과 성격, 장점을 가지고 있으며
ㅏㅡㅏㅏㅡㅜㅘㅕ, ㅓㅡㅣㅗㅣㅡㅕ
나는 다른 사람과 다른 존재임을 인정한다.
ㅏㅡㅏㅡㅏㅘㅏㅡㅐㅣㅡㅓㅏ.
나는 특별하며 특별한 나를 나는 사랑한다.
ㅡㅡㅕㅏㅕㅡㅕㅏㅡㅏㅡㅏㅏㅏ.

전문가의 핵심 비법

"거울 보고 하면 내 모습이 정말 웃겨 보일 수도 있어! 엄마 좀 봐! (먼저 과한 제스처를 본보기로 보여주며 아이의 긴장을 풀어주세요) 그런데 스트레칭을 크~게 하고 운동하면 운동이 더 잘 되듯이, 이렇게 연습하고 나면 평소에 말할 때 발음이 훨씬 좋아질 거야!"라며 용기와 재미를 더해주세요.

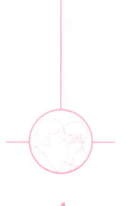

4
말 잘하는 아이는 오프닝과 마무리가 다르다

발표의 시작과 끝이 발표의 인상을 좌우합니다

아이들의 발표에서 가장 인상 깊게 남는 건 무엇일까요? 바로 처음과 마지막 말 한마디입니다. 실제로 우리 학원에 다니는 아이들이 종종 말합니다

"선생님! 앞에 나와서 인사하고 자기 이름 말하고 '지금부터 발표 시작하겠습니다!' 하고 시작하고, 끝날 땐 '이것으로 발표를 마치겠습니다!' 하는 애는 저밖에 없어요."

이 짧은 말 한마디로도 아이는 준비된 발표자, 듣는 사람을 배려하는 발표자로 보입니다. 그리고 그것이 발표의 첫인상을 완전히 바꿔놓습니다.

오프닝과 마무리, 왜 중요할까요?

오프닝은 청중의 귀를 여는 순간입니다. 관심과 기대를 끌어내는 말하기 기술이 필요합니다. 또한, 마무리는 발표의 여운을 남기는 부분입

니다. 나의 메시지를 또렷하게 전달하고, 자신감을 드러낼 기회입니다.

아이에게 발표의 첫 문장과 마지막 문장은 단순한 말의 시작과 끝이 아니라, '자신의 태도와 메시지를 드러내는 기회'임을 알려주세요. 첫 문장은 아이의 자신감과 개성을 보여주는 순간이고, 마지막 문장은 아이가 전하고 싶은 핵심 메시지와 인상을 남기는 시간입니다. 이 두 문장만 잘 준비해도, 아이의 발표는 훨씬 더 집중력 있고, 설득력 있는 발표로 바뀔 수 있습니다.

발표력을 키우는 스피치 워크북

1) 오프닝: 발표의 '첫 10초'를 설계하라 (오프닝을 멋지게 여는 3가지 방법)

단순히 "안녕하세요. 저는 ○○입니다."만으로 시작하면, 청중은 금세 흥미를 잃습니다. 발표 주제를 명확하게 전하기 전에 호기심을 유도하는 장치가 필요합니다.

① 질문 활용하기
- "여러분은 혹시 거짓말을 해본 적이 있나요?"
- "여러분, 하루에 스마트폰을 몇 시간이나 쓰세요?"

② 사건, 사고 활용하기
- "작년 여름, 태풍으로 인해 큰 피해를 본 지역이 있었습니다."
- "1991년 오늘. 유관순 열사는 감옥 안에서도 '대한 독립 만세'를 외쳤습니다."

③ 경험 활용하기
- "얼마 전 친구와 다퉜던 일이 있었어요. 그런데 그날 저는 말 한마디에 큰 상처를 받았습니다."
- "저는 작년 여름 말없이 3일 살기에 도전해본 적이 있습니다."

※ TIP: 오프닝에서 주제를 바로 말하지 않아도 됩니다.
조금의 '간격'을 두고 이야기를 시작하면, 청중은 더 궁금해하며 귀를 기울이게 됩니다.

2) 마무리: 발표를 '기억에 남게' 정리하라

마무리는 단순한 종료가 아니라, 메시지를 남기고 여운을 주는 부분입니다.

① 지금까지 내용을 요약하는 한 문장 + 나의 다짐 또는 제안으로 마무리
- "지금까지 저는 친구와의 갈등을 어떻게 해결했는지를 발표했습니다. 앞으로는 감정이 상해도 말로 솔직하게 표현하는 연습을 계속해보겠습니다."

발표력을 키우는 스피치 워크북

- "지금까지 저는 친구와의 갈등을 어떻게 해결했는지를 발표했습니다. 여러분도 오늘부터 하루에 한 번, 진심 어린 말을 건네보는 건 어떨까요?"

② 명언, 속담, 사자성어 활용하기
- "말 한마디로 천 냥 빚을 갚는다는 속담처럼, 앞으로 좋은 말을 많이 하겠습니다."
- "소통은 마음의 다리를 놓는 일이라고 합니다. 저는 그 다리를 놓는 사람이 되고 싶습니다."

3) 실전 예시: 오프닝과 마무리의 힘

Before)
안녕하세요. 저는 5학년 홍길동입니다. 지금부터 발표를 시작하겠습니다. 저는 '나의 꿈'에 대해 발표하겠습니다. 저는 경찰이 되고 싶습니다. … 이것으로 발표를 마치겠습니다.

After)
저는 어릴 적, 친구가 억울하게 혼나는 모습을 보며 생각했습니다. '정의를 지키는 사람이 되고 싶다.' 안녕하세요. 저는 5학년 홍길동입니다. 오늘은 '나의 꿈, 경찰'에 대해 이야기하겠습니다.

(중략)

지금까지 저는 '나의 꿈, 경찰'에 대해 이야기해보았습니다. '정의는 침묵 속에 사라진다.'라는 말이 있습니다. 앞으로 저는 정의를 지키기 위해 용기 있게 목소리를 내는 사람, 그리고 믿음을 주는 경찰이 되기 위해 노력하겠습니다. 감사합니다.

발표력을 키우는 스피치 워크북

전문가의 핵심 비법

① 발표문을 썼다면 그 발표문 앞뒤로 오프닝 1문장 / 마무리 1문장만 따로 써보게 하기
② 평소에 읽는 책이나 기사에서 사자성어·속담·명언 밑줄 긋기
③ 가정 발표 연습 시 "처음과 마무리는 확실하게 해보자!"라고 훈련하기

5

임원 선거 당락을 결정짓는 스피치 기술

임원 선거, 말하기 능력을 가장 실전으로 보여줄 기회

초등학교 임원 선거는 아이들이 대중 앞에서 자신을 소개하고 대중을 설득하는 첫 무대입니다. 그만큼 말하기 능력이 당락에 직접적으로 연결됩니다. 선거 스피치에서 중요한 핵심은 딱 세 가지입니다.

① 임팩트 있는 컨셉
② 관심을 끄는 오프닝
③ 마음을 움직이는 공약

이 세 가지가 어우러질 때 친구들의 마음이 열리고 표로 이어집니다.

멋진 연설은 문장뿐만 아니라 태도에서 완성됩니다. 완성된 원고보다 중요한 건 친구들의 마음에 가닿는 전달력입니다. 자신감 있는 목소리, 자연스러운 표현력, 그리고 진심이 담긴 약속. 이 세 가지가 준비된다면, 선거는 이미 절반은 성공입니다.

발표력을 키우는 스피치 워크북

[1단계] 나만의 컨셉 만들기: 나를 기억하게 하라

아이에게 '꼭 맞는' 컨셉이 중요합니다. 요즘 아이들 사이에서 인기 있는 유행어나 캐릭터도 좋지만, 무엇보다 중요한 것은 아이의 성격, 이미지, 장점과 어울리는 컨셉이어야 한다는 것입니다.

예: 책임감 있는 아이 → '배달의 민족', '든든한 언니/형'

유쾌한 아이 → '개그 콘셉트', '유행하는 노래나 댄스 넣기'

※ 컨셉 찾기 팁

1) 회장이 된 나를 중심으로 키워드 마인드맵 만들기
2) '내가 되고 싶은 회장의 키워드'를 정하기
   예: 성실함, 유쾌함, 따뜻함, 책임감
3) 나를 표현하는 키워드에 어울리는 캐릭터나 노래, 말투, 슬로건 찾기

[2단계] 오프닝 구성하기: 청중의 귀를 여는 한 마디

후보 연설의 인상을 좌우하는 첫 10초! 컨셉을 살리면서도 눈과 귀를 집중시킬 수 있는 말이 필요합니다.

오프닝 구성 아이디어 예:

1) 노래·율동 활용하기

앞뒤가 똑같은 1반 회장 ○○○! (광고 CM송)

여러분 저는 모두가 보는 앞에서도, 아무도 보지 않는 뒤에서도!

늘 열심히 일하는 회장이 되겠습니다!

발표력을 키우는 스피치 워크북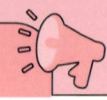

2) 삼행시 활용하기

　이: 이번 선거에서!

　정: 정말 열심히 준비한 후보!

　하: 하지만 선택은 여러분의 몫입니다! 후회 없는 선택 하시기 바랍니다!

3) 반전 스토리 활용하기

　저는 이상한 회장이 되겠습니다. (쉬고)

　이상하게 꼼꼼하고, 이상하게 열심히 일하는 회장!

4) 소품 활용하기

　소품은 긴장을 줄이고 집중을 유도합니다. 단, 학교마다 허용 여부 사전 확인!

[3단계] 공약 만들기: 마음을 움직이는 핵심 메시지

공약이 막연하거나 평범하면 표심을 얻기 어렵습니다. 친구들의 생활을 '정말로 바꾸고 싶어 한다.'라는 마음이 느껴져야 합니다. 일반적인 공약보다는 평소에 우리 반 친구들이 실질적으로 불편함을 느꼈던 것 혹은 바랐던 것들을 떠올리며 공약 아이디어를 생각해보는 것이 중요합니다.

공약 유형 예시)

1) 이벤트형 공약

　마니또, 고민 상담 시간, 쉬는 시간 미니 게임 진행, 생일 축하 이벤트 등 모두가 함께 즐길 수 있는 이벤트를 제안합니다.

발표력을 키우는 스피치 워크북

2) 개선형 공약

우리 반 친구들이 평소에 불편함을 느꼈던 부분들을 해결하는 아이디어를 제안합니다.

예: 학용품 대여 시스템 / 물티슈, 손 소독제 비치 / 건의함 설치 등

3) 공감형 공약

친구들의 목소리를 반영한 약속을 제안합니다.

예: 청소 담당 시간 불만 → 공평한 순번제 제안

친구들끼리의 잦은 갈등으로 인한 불편함 → 따뜻한 말 캠페인 진행

※ 공약 팁: 선생님의 허락이 필요한 경우, "제안 후 허락을 받아 진행하겠다"라는 조건을 넣으면 신뢰를 줄 수 있습니다.

[4단계] 클로징으로 인상을 남기기

오프닝에서 사용한 유쾌한 톤이나 슬로건을 다시 한번 반복하면 친구들의 머릿속에 강하게 남습니다.

예: 빵빵~! 배달의 ㅇㅇㅇ 주문~!

친구들이 부르면 언제든 달려가는 배달의 ㅇㅇㅇ!

안녕하세요. 회장 후보 ㅇㅇㅇ입니다.

빵빵~ 이 소리는 자동차 경적이 아닙니다!

우리 0반 친구들을 위해 달려가는 '배달의 ㅇㅇㅇ' 소리입니다!

제가 회장이 된다면 이 세 가지를 꼭 약속드리겠습니다.

발표력을 키우는 스피치 워크북

첫째, 어색할 때 달려갑니다!
마니또 이벤트로 친구들과 더 가까워질 기회!
더욱더 화목한 우리 반을 만들겠습니다.
둘째, 마음이 힘들 때 달려갑니다!
부모님이나 선생님께도 말 못 할 고민이 생겼을 때!
걱정 마세요! 저 ㅇㅇㅇ이 고민을 경청하며 마음의 짐을 덜어드리겠습니다!
셋째, 뽐내고 싶을 때 달려갑니다!
우리 반 친구들의 끼를 뽐낼 수 있는 장기자랑 시간을 선생님께 건의하겠습니다.
누구나 무대의 주인공이 되는 경험으로 더욱더 신나는 O반이 될 것입니다.

빵빵~ 언제나 달려가는 배달의 OOO!
저를 꼭! 뽑아주세요. 감사합니다!

전문가의 핵심 비법

❶ "어떤 회장이 되고 싶어?" 먼저 아이의 의지를 묻기
❷ 임팩트 있는 컨셉을 먼저 결정하고, 공약을 덧붙이도록 유도하기
❸ 오프닝과 클로징은 암기보다 전달력 중심으로 연습시키기
❹ 목소리 크기와 제스처 연습은 집에서 촬영하며 점검하기

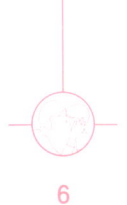

6

공개 수업 준비는 업그레이드 시간!

아이의 말하기 실력을 확인하는 기회, 공개 수업

초등학교에서의 공개 수업은 단순한 수업 참관을 넘어서, 아이의 태도, 참여도, 말하기 능력까지 한눈에 볼 수 있는 중요한 관찰 기회가 됩니다. 성북구·강북구 지역 학교들 역시 학기마다 공개 수업을 진행하고 있으며, 많은 경우 아이들이 직접 발표를 하거나 수업 내용을 요약해 말하는 시간이 포함됩니다. 부모는 그 발표를 통해 아이의 말하기 실력을 기대하게 되지만, 현장에서 아이들이 평소보다 긴장하거나 위축되는 모습을 보며 당황하기도 합니다. 실제로 평소 발표를 잘하던 아이들도 '낯선 환경과 주목받는 상황'에서 당황할 수 있습니다.

발표에 대한 기대와 현실의 간극 이해하기

아이들에겐 '잘하고 싶은 마음'이 분명히 있습니다. 공개 수업 때 부모에게 좋은 모습을 보여주고 싶어 하지만, 발표 순서가 늦어질 때의 긴장, 예상치 못한 주제 변경, 친구들의 시선에 대한 부담감과 같은 다양한 이유로 발표가 평소만큼 되지 않는 경우가 많습니다. 이런 상황에서 중요한 건 '혼내는 것'이 아니라 '어떻게 다가갈 것인가'입니다.

공개 수업은 평가의 시간이 아니라, 아이의 표현 성장 기록입니다. 아이가 준비한 만큼 보여주지 못해도 괜찮습니다. 중요한 건, 그 과정을 함께 이해하고, 다음 기회를 '자신감의 계단'으로 삼는 일입니다. 아이의 발표력은 공개 수업의 결과가 아니라, 그 뒤에 이어지는 부모의 태도에서 더 크게 자랍니다.

전문가의 핵심 비법

아이의 발표 경험, 부모의 한마디가 방향을 좌우합니다

1) 만족스러운 발표를 한 경우: '듣는 태도'까지 함께 칭찬하기

"자신 있게 발표해서 정말 멋졌어!"라고 먼저 격려해주세요. 그다음에는 "그런데 발표만큼, 다른 친구 발표를 잘 들어주는 것도 정말 중요한 거 알아?"라고 덧붙여보세요. 발표력이 자라면 아이는 자신이 주목받는 순간을 즐기게 됩니다. 하지만 그만큼 '나만 말하고 싶다'라는 마음이 커져, 다른 친구의 발표를 지루해하거나 집중하지 못하는 경우가 생기기도 합니다. 그래서 듣는 태도까지 함께 칭찬해주는 것은 아이가 말하기의 균형을 배우고, '좋은 발표자이자 좋은 청중'으로 성장하도록 돕는 중요한 과정입니다. 듣는 태도는 곧 수업 참여로 이어지고, 발표의 질을 더 깊게 만들어줍니다.

2) 발표가 부족했던 경우: '목소리'를 배려로 연결하기

"목소리가 작았던 건 너무 긴장해서 그랬을 수도 있어. 괜찮아." 이렇게 먼저 아이의 마음을 이해해주는 말로 시작해주세요. 그다음, "그런데 왜 발표할 땐 목소리를 조금 더 내야 할까?" 하고 자연스럽게 물어보며 '배려'의 개념으로 확장시켜주세요. 예를 들어, "도서관에서는 작은 목소리로 이야기하고, 할머니와 대화할 땐 조금 더 크게, 위급한 상황에서는 모두가 들을 수 있게 이야기하지? 이렇게 상황에 따라 필요한 목소리의 크기가 있는 거야. 학교 교실에는 친구들이 많이 있고, 교실의 크기도 넓으므로 모든 친구가 들으려면 어느 정도 목소리로 말하는 게 좋을까?" 이렇게 목소리의 크기를 상황에 맞게 조절하는 것은 '배려의 표현'임을 알려주는 것이 중요합니다. 아이에게 "목소리를 키워!"가 아니라 "네 목소리가 다른 사람을 배려하는 방법이 될 수 있어."라고 말해주면, 단순한 발성 훈련이 아니라 타인을 고려하는 말하기 습관으로 이어집니다.

3) 발표를 점점 두려워하는 경우: '비교와 평가'에 대한 부담 줄이기

초등 저학년 때는 누구보다 손을 잘 들고 적극적으로 발표하던 아이가, 고학년이 되면서 발표를 주저하거나 손을 들지 않는 경우가 많습니다. 이는 단순히 의욕이 줄어서가 아니라, 타인의 시선과 평가에 대한 인식이 커지기 때문입니다. 이 시기에는 "왜 발표 안 해?"라는 재촉보다, "나도 어릴 땐 그랬어." 처럼 부모의 경험을 나누는 공감의 대화가 훨씬 큰 힘이 됩니다. 예를 들어, "엄마도 그랬어. 나도 말할 때 틀릴까 봐 걱정했거든." "하지만 틀려도 괜찮고, 발표는 잘하려고 하는 시도 자체가 멋진 거야." 이런 말은 아이에게 '발표는 결과보다 과정이 중요하다'라는 메시지를 전합니다. 평가 중심이 아닌 과정 중심의 대화는 아이가 자신감을 잃지 않게 하고, 발표를 '비교의 무대'가 아닌 '성장의 자리'로 느끼게 해줍니다.

발표력을 키우는 스피치 워크북

1) 다양한 발표 경험 쌓기
- 가족 앞 발표, 영상 촬영, 인형 발표, 혼자 거울 앞 발표 등 상황 다양화

2) 즉석 발표 훈련하기
- 미리 준비한 발표뿐 아니라, '감정 표현', '오늘 있었던 일' 등 즉흥 발표도 함께 연습

3) 발표 목소리 훈련 가이드
- "이 정도 크기로 말하면 몇째 줄에 앉은 친구까지 들릴까?"
- 영상의 볼륨 예시와 비교하며 '청자의 입장'에서 듣는 감각 키우기
- "이 영상에 나오는 목소리만큼 똑같이 따라서 소리 내볼까?"

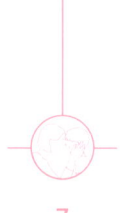

7

프레젠테이션 스킬로 한 단계 점프하라

학교에서는 언제부터 PPT 발표를 하나요?

예전에는 대학에 들어가서야 처음 프레젠테이션을 경험했다면, 요즘 아이들은 훨씬 이른 시점부터 PPT를 활용한 발표를 접합니다. 성북구와 강북구의 초등학교 현황을 보면, 사립학교는 초등 3학년부터 PPT 발표를 시작하고, 공립학교는 보통 5학년부터 간단한 발표 수행 평가를 진행합니다. 중학교에서는 발표에 PPT가 포함되는 것이 기본이며, 수행 평가의 핵심 요소가 됩니다. 하지만 아이들이 갖춘 것은 '파워포인트 만드는 기술'이지, 효과적으로 발표를 구성하고 말하는 기술은 대부분 익히지 못한 채 발표를 마칩니다.

발표력은 '디자인'보다 '전달력'입니다

1) 도식화 능력을 키워라

PPT 슬라이드는 내용을 시각적으로 정리하는 보조 자료입니다. 하지만 많은 아이들이 '글씨 가득' 슬라이드만 만들고 끝냅니다. 도식화란 표, 도형, 그림 등을 활용해 내용을 한눈에 이해할 수 있게 정리하는 것입니다. 뉴스에서도 복잡한 개념을 설명할 때 도표, 그래프, 인포그래픽을 활용하듯 아이들도 발표 주제를 표·도형·이미지로 정리하는 훈련이 필요합니다. 순서, 비교, 원인-결과는 도형으로, 수치와 변화는 막대나 원그래프로, 인물/사건 중심 내용은 타임라인으로 표현하면 좋습니다.

전문가의 핵심 비법

"이 내용을 그림으로 정리해 본다면?"이라는 질문부터 시작해보세요.

2) 슬라이드 간 연결 멘트를 넣어라

내용만 좋은 PPT라도 슬라이드 간 흐름이 끊기면 발표 전체가 어색해집니다. 아이들이 가장 어려워하는 부분이 바로 '슬라이드 전환 시 멘트'입니다. "다음으로는…", "이번엔~" 같은 연결어는 초급입니다. 중요한 건 앞뒤 내용을 연결하며 흐름을 만들어주는 말입니다.

대표 연결 멘트 예:

① 지금 말씀드린 내용을 어떻게 적용할 수 있을까요?

② 이와 반대되는 개념도 함께 살펴보겠습니다.

③ 이런 문제를 해결할 수 있는 방법은 무엇일까요?

> **전문가의 핵심 비법**

"이 화면에서 다음 화면으로 넘어갈 때 무슨 말을 하면 좋을까?" 같이 질문해 보세요.

3) 발표 연습은 실전처럼!

실전과 똑같은 환경에서 발표 연습을 해본 적 있나요? 아이들은 보통 앉아서, PPT를 눈앞에 두고, 말하다 틀리면 다시 처음부터 합니다. 하지만 이건 실전 연습이 아닙니다.

※ 실전 연습 체크리스트

PPT는 등 뒤 스크린 위치처럼 세팅되어 있는가?
서서 말하기를 연습하고 있는가?
실수해도 멈추지 않고 계속 말하는가?
처음부터 끝까지 한 번에 말하는가?

특히 마지막이 중요합니다. 많은 아이들이 앞부분만 반복해서 연습하고, 중간~후반부는 준비가 부족한 상태에서 무대에 오릅니다.

전문가의 핵심 비법

3번 연습하면 최소 1번은 무조건 처음부터 끝까지 쉬지 않고 해보게 해주세요.

요즘은 AI가 자동으로 PPT를 만들어주는 도구도 많습니다. 하지만 아이 스스로 자료를 구성하고, 슬라이드와 말의 순서를 고민하며 완성해 나가는 과정이 훨씬 더 중요합니다. 이 시간 속에서 아이는 생각을 정리하고, 핵심을 골라내며, 말의 흐름을 구조화하는 능력을 기르게 됩니다. 프레젠테이션은 이제 선택이 아닌 필수입니다. 하지만 겉보기에 예쁜 슬라이드보다 더 중요한 것은 전달력 있는 구조와 스피치의 흐름입니다. 아이에게 필요한 것은 말을 돋보이게 하는 '자료'가 아니라, 말을 중심에 두고 자료를 활용하는 힘입니다. 부모는 이 과정을 옆에서 함께 점검하고 피드백을 줄 수 있는 최고의 코치가 될 수 있습니다. "그 내용은 왜 넣었을까?", "이 슬라이드를 보여줄 때 어떤 말을 하고 싶었어?" 같은 질문을 던져주세요. 그 한마디가 아이의 발표를 '외운 말하기'에서 '생각을 전달하는 말하기'로 바꾸어줍니다.

발표력을 키우는 스피치 워크북

○ **1. 발표 주제를 정한 후, 슬라이드를 직접 말로 요약해보게 하세요.**
○ 슬라이드에 있는 문장을 그대로 읽기보다, 자신의 언어로 핵심을 정리해 말하는 훈련이 필요합니다.

○ **2. 연결 멘트를 만들고 싶다면, "다음 내용을 왜 들어야 할까?"를 물어보세요.**
자연스러운 흐름은 스스로 '이야기의 이유'를 발견할 때 만들어집니다.

3. 발표 대본이 있다면, 그것을 '암기'하기보다 '자연스럽게 말하기'로 바꿔보세요.
아이가 자기 생각을 표현하는 '말하기 힘'을 키우는 과정이 됩니다.

8

임팩트 있는 메시지를 남기는 토론의 기술

아이와 엄마 모두가 어렵게 느끼는 말하기, '토론'

토론은 많은 사람들에게 막연한 부담감을 줍니다. 특히 아이들에게는 '공격받는 느낌'이나 '싸우는 느낌'이 들기 쉽기에, 아이들은 처음부터 토론을 어렵게 느끼고 피하려는 경향이 강합니다. 하지만 토론은 '논리적인 말하기'뿐 아니라, 매너 있는 소통과 타인의 생각을 경청하는 힘을 기를 수 있는 최고의 훈련입니다.

전문가의 핵심 비법

[1단계] 주장만 명확해도 반은 성공입니다

아이들이 토론을 어려워하는 가장 큰 이유는, "무슨 말을 해야 할지 모르겠어요"입니다. 그럴 땐 '주장 + 근거 3가지'만 정리해도 시작할 수 있습니다.

1. 주장 만들기 예시)

  "저는 학교에 휴대폰을 가지고 와도 된다고 생각합니다."

2. 근거 3가지 잡기)

  1) 위급 상황 시 연락이 필요하다 (안전)
  2) 자료 조사나 번역 등 학습 활용에 도움이 된다 (학습)
  3) 부모와의 소통 채널이 된다 (가정 연결)

  ※ 근거가 겹치지 않게 정리하는 방법

  아이들은 근거 3가지를 뽑으라고 하면 비슷한 말을 반복하는 경우가 많습니다. 이를 방지하기 위해 아래의 포스트잇 분류법을 활용해보세요.

  - 포스트잇 분류법: 생각 정리 + 논점 찾기 훈련
  ① 생각나는 근거를 전부 포스트잇에 써보기 (한 장에 하나씩)
    예: '부모님 연락', '단어 검색', '사진 찍기', '위급 상황', '카카오톡', '뉴스 검색' 등
  ② 비슷한 포스트잇끼리 그룹으로 묶기
    '부모님 연락', '카카오톡' → 소통
    '단어 검색', '뉴스 검색' → 학습
    '사진 찍기', '위급 상황' → 안전
  ③ 각 그룹을 대표할 수 있는 키워드 정하기
    소통, 학습, 안전 등

→ 겹치지 않고 명확하게 구분된 근거 완성! 이 활동은 말하기 전에 생각을 눈으로 확인하는 정리법으로 매우 유용합니다.

[2단계] 근거에 살 붙이기: 4가지 방식으로 구체화하기

1) 예시를 덧붙이기

"예를 들어, 실제로 지하철에서 길을 잃었을 때 휴대폰이 없으면 부모님과 연락이 어렵습니다."

2) 경험을 덧붙이기

"저는 전자사전 대신 휴대폰으로 단어를 검색한 적이 있는데, 훨씬 빨랐습니다."

3) 지식을 덧붙이기

"통계에 따르면, 청소년의 휴대폰 활용 중 40%는 학습 관련 활동입니다."

4) 다시 한번 풀어서 설명하기

"단순히 게임만 하는 것이 아니라, 시간만 정해놓고 사용하면 충분히 유익하게 쓸 수 있습니다."

한 가지 주장에 대해 이 중 한두 가지 방식만 더해도 내용이 풍부해집니다.

[3단계] 토론의 꽃, 질의응답! 싸움이 아닌 소통입니다

많은 아이들이 질문을 받으면 공격당한다고 느끼거나, 반박을 감정적으로 받아들이기 쉽습니다. 하지만 질의응답은 상대방의 논리를 검토하고, 내 주장을 보완할 수 있는 절호의 기회입니다.

질문할 때 매너 있는 표현법 예:
"의견 잘 들었습니다. 논점 2에 대해 질문드리겠습니다."
"○○에 대해 말씀하셨는데, 이 부분은 어떻게 생각하시나요?"
※ 반박을 담았더라도 예의 있게 전달하면 분위기가 훨씬 매끄러워집니다.

답변할 때 대화 흐름 지키는 태도 예:
"네, 질문 감사합니다. 답변드리겠습니다."
"말씀하신 의도는 이런 것으로 이해했습니다. 제 생각은 이렇습니다…"
→ '한 템포 쉬고', '의도를 확인하고', '정중하게 반박하기'

이 세 가지가 갖춰질 때, 아이는 토론 속에서도 상대와의 관계를 지키며 자신을 표현할 수 있게 됩니다.

발표력을 키우는 스피치 워크북

실전 연습: 토론 스킬을 익히는 활동

1. 한 문장 주장 게임

논제: "학교 급식은 선택 메뉴가 있어야 한다."
→ 아이와 번갈아 주장하며, 각자 근거를 한 문장씩 말해보기

2. 근거 살 붙이기 게임

'네가 지금 주장한 이유에 예시나 경험을 더해볼까?'
무작위로 카드를 뽑아 '예시/경험/지식/설명' 중 한 가지 방식으로 말하게 하기

3. 질의응답 시뮬레이션

부모가 반대 관점에서 질문해보고, 아이가 매너 있게 답변하는 연습 또는 아이가 부모에게 질문을 던져보고, 다시 반박하는 식으로 진행합니다.

4. 포스트잇 논점 그룹화 게임

① 한 가지 논제를 정하고 아이가 근거를 포스트잇에 많이 써보게 하기
② 그룹을 묶고 키워드 정리하여 주장 + 논점 3개로 재구성해서 말하기

마무리에도 메시지를 남기자

토론의 마지막은 단순히 "이상입니다."로 끝내는 시간이 아닙니다. 자기 생각을 정리하고, 듣는 사람의 마음에 메시지를 남기는 순간입니다. 그래서 마무리에는 꼭 '한 줄 정리'와 '제안'을 함께 넣어보세요.

> 예: "이상으로, 저는 휴대폰이 학습과 안전을 위해 필요하다는 주장을 펼쳤습니다."
> "정해진 규칙 안에서라면, 학교에서도 휴대폰을 활용할 수 있기를 바랍니다."

이처럼 핵심 주장을 짧게 요약한 뒤, 앞으로의 방향이나 제안으로 마무리하면 듣는 사람은 아이의 의견이 명확하고 설득력 있게 느껴집니다. 아이들이 흔히 토론을 '말로 이기는 시간'이라고 생각하기 쉽지만, 사실 진짜 토론의 완성은 상대에게 남는 문장을 만드는 것입니다. 즉, '내가 옳다'보다 '이런 세상이 되면 좋겠다'라는 태도로 끝낼 때 말의 온도와 품격이 달라집니다.

부모는 아이가 발표나 토론을 마친 뒤 "네 말 중에 가장 기억에 남는 문장은 뭐였을까?", "그 말이 듣는 사람에게 어떤 느낌을 줬을까?" 같은 질문을 던져보세요. 이 대화만으로도 아이는 말의 끝에 책임과 의미를 담는 연습을 하게 됩니다. 토론의 마무리는 단순한 결론이 아니라, 생각의 흔적을 남기는 문장입니다. 아이에게 "네 말의 마지막 한 줄은, 네 생각의 얼굴이야."라고 말해준다면, 그 한 줄을 고민하는 아이의 태도가 달라질 것입니다.

CHAPTER
5

말 잘하는 아이, 이렇게 자란다

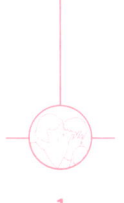

1
스피치로 키우는 자기 효능감

말 더듬던 아이가 무대 위 주인공이 되다!

초등학교 3학년 정우는 처음 스피치 교실 문을 열고 들어올 때, 두 손을 꼭 맞잡은 채 한참을 서 있었습니다.

"정우야, 오늘은 자기소개만 간단히 해볼까?"

"…저… 저는… 정…정우…예요."

짧은 한 문장을 말하는 데에도 얼굴이 붉게 달아올랐습니다. 말끝을 흐리고, 손가락을 꼬며 시선을 바닥으로 떨어뜨렸습니다. 정우의 목소리는 마치 머뭇거리는 공기 속에서 길을 잃은 듯했습니다. 하지만 그날 이후, 매주 반복된 스피치 수업은 정우를 천천히 바꾸기 시작했습니다. 첫 번째 목표는 '눈을 들기'. 두 번째는 '문장을 끝까지 말하기'. 그리고 세 번째는 '나의 이야기를 만들어보기'.

"정우야, 오늘은 주제 '내가 좋아하는 장소'야. 한 문장만 말해볼까?"

"저는… 놀이터…요."

"좋아! 놀이터에 가면 뭐가 제일 좋아?"

"…미끄럼틀이요. 근데… 가끔 무서워요."

짧은 대화였지만, 그 속에는 '표현의 시작'이 있었습니다. 교실 안 친구들이 "나도 무서워!", "난 그네 좋아!" 하며 반응하자 정우의 입가에도 조심스러운 미소가 번졌습니다.

"말이 끝나지 않아도 괜찮다. 중요한 건 '생각을 말로 꺼내는 경험'이다."

정우에게 그러한 믿음을 주며 매주 작은 성공을 쌓아갔습니다. 몇 달 후, 드디어 발표회 날. 무대 위 정우는 여전히 긴장한 얼굴이었습니다. 하지만 이번엔 눈을 피하지 않았습니다. 조용히 마이크를 잡은 정우가 또박또박 말을 꺼냈습니다.

"제가 가장 좋아하는 곳은… 우리 동네 놀이터입니다. 거기서 친구들이랑 놀면… 마음이 편해지기 때문입니다."

말의 흐름이 완벽하진 않았지만, 정우의 한 문장 한 문장마다 관객의 시선이 집중되었습니다.

끝까지 발표를 마친 뒤, 정우는 마이크를 내려놓으며 작게 웃었습니다.

"저… 발표하는 거 이제 안 무서워요."

그 한마디에는 '할 수 있다'라는 믿음이 담겨 있었습니다. 누군가가 내 말을 들어주고, 내가 그 말을 끝까지 해냈다는 경험. 그건 단순한 발표의 성공이 아니라, 정우가 자신의 목소리로 세상과 연결된 첫 순간이었습니다. 이것이 바로 자기 효능감입니다. '나는 할 수 있다'라는 확신이 말을 통해, 그리고 말 속에서 자라난 것입니다.

자기 효능감, 왜 중요한가요?

심리학자 앨버트 반두라는 자기 효능감을 "자신이 특정 과제를 성공적으로 수행할 수 있다는 믿음"이라고 정의했습니다. 자기 효능감이 높은 아이는 새로운 도전에 덜 두려워하고, 실수해도 다시 시도할 수 있는 회복 탄력성이 높습니다. 그리고 이 믿음은 결국 학습 성취, 사회성, 정서 안정에 깊은 영향을 줍니다. 특히 성장기 아이에게는 '성공의 경험'보다 '내가 해냈다는 감각'을 자주 느끼게 하는 것이 중요합니다. 그 감각은 시험 점수보다, 사람들 앞에서 말해보고, 누군가가 고개를 끄덕이며 들어준 순간에 더 자주 찾아옵니다. 말을 끝까지 해봤다는 경험, 친구가 내 말에 웃어줬던 기억, 발표를 마친 뒤 선생님의 따뜻한 리액션. 이런 경험 하나하나가 아이의 "나도 할 수 있다."라는 자기 효능감을 차곡차곡 쌓아줍니다.

말을 잘하는 아이가 되기 위한 첫걸음은, 말을 해도 괜찮다는 마음, 그리고 말하면 나도 괜찮은 사람이란 감각을 갖는 것입니다. 스피치는 단지 말하는 기술을 넘어서, 아이에게 "나는 할 수 있어."를 심어주는 힘이 됩니다.

> 전문가의 핵심 비법

스피치 수업에서 자기 효능감을 어떻게 키우는가?

❶ 작은 성공 경험을 쌓게 합니다

처음엔 시선 처리만 해도 칭찬, 다음엔 한 문장 말해보기 등 단계적 성취를 설정합니다.

❷ 칭찬의 포인트를 '표현 시도'에 둡니다

말의 완성도보다 "표현하려고 노력했다는 점", "멈추지 않았다는 점"에 대한 긍정적 피드백이 중요합니다.

❸ 피드백은 '가능성 중심'으로 전달합니다

"이만큼 했으니 다음엔 이렇게도 해보자!"라는 식으로 기대감을 심어줍니다.

❹ 아이의 말이 누군가에게 '전달되었다'라는 경험을 줍니다

친구나 선생님의 반응을 끌어내는 구조가 중요합니다.
예: 박수, 감탄사, 맞장구

❺ 가정에서는 말실수를 걱정하지 않는 분위기를 만듭니다

"그 말 너무 귀여웠어.", "그 생각을 해낸 게 멋지다"라는 말로 '말하는 것 자체'에 긍정적인 의미를 부여해 주세요.

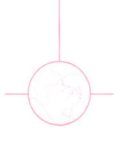

2
문해력을 끌어올리는 말하기 실력

말의 즐거움을 깨닫자, 책 읽기도 좋아졌어요!

초등학교 2학년 시윤이는 책 읽기를 싫어했습니다. 글자가 많으면 한숨부터 쉬었고, "읽기 귀찮아요…"라며 책장을 덮는 일이 많았습니다. 읽는 중간에 집중이 끊기고, 끝까지 내용을 따라가기 어려워했죠. 그런데 스피치 수업이 시작되면서 작은 변화가 찾아왔습니다.

발표를 위해 지문을 읽고 제목을 정하는 활동, 내용을 말로 요약하는 연습을 하면서 시윤이는 글 속 이야기를 '말로 풀어보는 경험'을 하기 시작했습니다.

"시윤아, 이 글에서 제일 중요한 장면은 어디라고 생각해?"

"음… 여우가 친구를 도와주는 부분이요."

"좋아! 그럼 그길 내 말로 다시 들려줄 수 있을까?"

"여우가요, 처음엔 혼자만 살려고 했는데 나중엔 친구를 도와줬어요. 그래서 행복했어요!"

짧은 대화였지만, 그 속엔 이해 → 정리 → 표현의 흐름이 생겨나고 있었습니다. 시윤이는 글의 구조를 '생각으로 정리하고 말로 표현하는 힘'을 키워가고 있었죠. 몇 주 뒤, 시윤이가 문을 열고 활짝 웃으며 들어왔습니다.

"선생님, 저 진짜 놀라운 일 생겼어요!"

"무슨 일인데 그렇게 신났어?"

"독후감을 썼는데요, 담임선생님이 제 글을 반에서 읽어주셨어요! 제가 제일 잘 썼대요!"

그 순간, 시윤이의 눈은 반짝였고 목소리에는 자부심이 묻어났습니다. 말을 통해 내용을 구조화하고, 글의 의미를 스스로 요약해 말로 풀어내던 경험이 이제는 글로 이어진 것입니다. 말이 익숙해지면, 글이 쉬워집니다. 말로 생각을 정리할 수 있는 아이는 글로도 자기 생각을 표현할 수 있습니다. 지금의 시윤이는 책을 읽을 때마다 등장인물의 마음을 스스로 말해봅니다.

"선생님, 이건 친구가 도와줘서 기분이 좋았던 거예요."

"이 문장은 좀 슬픈 거 같아요."

이제는 책을 '읽는 아이'가 아니라, '말로 책을 즐기는 아이'가 되었죠. 말하기는 문해력의 시작입니다. 생각을 말로 정리할 줄 아는 아이는, 글로도 자기 생각을 또렷하게 쓸 수 있는 아이로 자라납니다.

문해력, 왜 중요한가요?

문해력은 단순히 글자를 읽고 뜻을 아는 능력이 아니라, 글의 구조와 맥락을 이해하고 자기 생각을 연결할 수 있는 능력입니다. 요즘 교육계에서도 '읽기 능력의 위기'가 화두가 되는 이유는, 단순한 낭독이 아닌 이해 중심의 읽기가 점점 어려워지고 있기 때문입니다. 그런데 문해력은 읽기만 한다고 길러지지 않습니다. 오히려 말하기를 통해 글의 구조를 자연스럽게 배우고, 이해한 내용을 말로 표현하면서 독해력이 향상되는 구조가 더 효과적입니다. 이야기를 들으며 말로 재구성해보는 연습, 중심 내용을 말로 요약해보는 훈련, 주인공의 마음이나 사건의 흐름을 자신의 말로 설명하는 시도 등 이런 활동은 모두 문해력의 기반이 되는 '내용 이해'와 '정보 조직화' 능력을 길러줍니다.

문해력은 '책상' 앞에서 책만 보며 키워지지 않습니다. 말로 정리하고, 표현하고, 설명해보는 과정에서 아이의 언어 체계가 자연스럽게 확장되고 정돈됩니다. 말을 잘하는 아이는 결국, 글도 잘 이해하고, 쓰고, 표현하는 아이로 성장할 수 있습니다.

> 전문가의 핵심 비법

스피치 수업에서 문해력을 어떻게 키우는가?

❶ 이야기를 듣고 요약 말하기

다양한 지문을 읽고 이야기 구조(처음-중간-끝)를 말로 정리해보는 연습을 자주 합니다. 이때 중요한 것은 단순히 읽은 내용을 다시 말하는 것이 아니라, '이 이야기에서 가장 중요한 사건은 무엇인지' '이 이야기가 전달하고자 하는 메시지는 무엇인지'와 같은 핵심 파악 훈련을 하는 것입니다. 이 과정에서 아이는 정보를 선택하고 정리하는 힘, 즉 내용을 구조적으로 이해하는 능력을 기르게 됩니다. 글의 구조를 보는 눈이 생기면 더 나아가 말하기에도 논리적인 순서를 세우는 힘이 생깁니다.

❷ 질문을 통한 독해력 확장

아이들이 단순히 글을 읽는 데서 멈추지 않도록 질문 중심 대화법을 활용합니다. 예를 들어 "왜 그런 행동을 했을까?", "그다음엔 무슨 일이 일어났을까?" "너였다면 어떻게 했을까?"와 같은 질문은 텍스트 이면에 감춰진 맥락이나 상황을 추론하게 만들고 이는 곧 비판적 사고력과 감정 이입 능력으로도 이어집니다. 이런 과정에서 읽은 내용을 단순히 기억하는 것이 아니라 읽은 내용을 자신의 언어로 재구성하고 해석하는 힘이 자랍니다.

❸ **말을 먼저 하게 하고, 글로 연결하기**

스피치 수업에서는 긴 발표를 준비할 때, 발표 대본을 쓰기 전에 먼저 말하기를 통해 내용을 구성합니다. 아이에게 "생각을 먼저 말로 꺼내 보자."라고 유도하고, 질문 중심 대화법으로 아이가 스스로 더 깊은 생각을 펼치도록 돕습니다. 그다음, 말로 정리한 내용을 마인드맵 형태로 시각화하며 문장으로 다듬어가는 과정을 거칩니다. 이러한 활동을 통해 단순히 말하기와 쓰기를 병행하는 것이 아니라, 아이의 머릿속에 생각을 체계적으로 구조화하는 힘이 길러집니다. 즉, '말하기'는 글쓰기의 전 단계가 아니라, 사고력과 논리력의 기초를 세우는 과정이 되는 것입니다.

3
말 잘하는 아이가 생각 정리도 잘한다

"말하다 보니, 정리됐어요!" - 생각이 자라는 말의 힘!

초등학교 4학년 소민이는 하고 싶은 말이 많았습니다. 손을 바쁘게 움직이며 이야기를 시작하곤 했지만, 곧 "그… 그게요… 그러니까…"로 이어지며 말이 멈춰버렸습니다. 머릿속에는 말하고 싶은 생각이 가득했지만, 어디서부터 어떻게 꺼내야 할지 몰라 늘 막막해했죠.

"소민아, 천천히 해도 괜찮아. 우리가 지금 해야 하는 건 '정리'야, 완벽한 문장이 아니야."

스피치 수업에서 소민이는 '오프닝 – 바디 – 클로징' 구조로 발표를 짜보는 연습을 시작했습니다. 한 문장씩 말의 순서를 세워보는 훈련이었죠.

"제가 좋아하는 운동은 수영이에요."

"좋아요, 그럼 왜 좋아하는지도 말해볼까?"

"음… 물에 들어가면 기분이 시원해서요."

"그럼 언제부터 수영했는지도 이어서 말해보자."

"…유치원 때요! 물에 얼굴 담그는 게 무서웠는데 지금은 제일 잘해요."

이야기가 끝나자 소민이는 환하게 웃으며 말했습니다.

"선생님, 말하다 보니까 정리가 됐어요!"

그 말 속에는 깨달음이 담겨 있었습니다. 머릿속에 흩어져 있던 생각들이 말로 꺼내는 과정에서 가지런히 정리된 순간이었죠. 그날 이후, 소민이의 발표는 달라졌습니다.

처음엔 "음…"으로 시작하던 말이, 이젠 "제가 말하고 싶은 건요…"로 바뀌었습니다. 생각을 말의 구조에 맞춰 정리하는 법을 스스로 익힌 것입니다. 말은 생각의 결과이기도 하지만, 동시에 생각을 정리하는 '도구'이기도 합니다. 이제 소민이는 자신 있게 말합니다.

"저는 말을 하면 머릿속이 정리돼요. 그래서 발표 준비할 때 말로 먼저 해봐요."

말을 하며 생각이 자라는 아이, 그게 바로 스피치 수업이 만들어내는 변화입니다.

말을 잘하는 힘이 곧 생각을 정리하는 힘이 됩니다

말을 잘하는 아이는 단순히 말을 유창하게 하는 아이가 아닙니다. 하고 싶은 말을 잘 꺼낼 줄 아는 아이, 자기 생각을 명확하게 전달할 수 있는 아이가 진짜 말 잘하는 아이입니다. 그리고 그 힘은 결국 '말하며 정리하는 경험'에서 나옵니다. 말 속에서 생각을 정돈해가는 아이는, 생각을 잘하는 아이로 성장할 준비가 되어 있는 아이입니다.

| 전문가의 핵심 비법 |

스피치 수업에서 생각 정리를 어떻게 훈련할 수 있을까?

❶ 생각 정리 도식 활용하기

5W1H(언제, 어디서, 누가, 무엇을, 왜, 어떻게) 틀을 활용해 말할 내용을 순서대로 정리해보게 합니다.

❷ 오프닝-바디-클로징 구성 훈련

이야기 만들기, 경험 나누기 등을 할 때 세 부분 구조로 생각을 정리하는 연습을 반복합니다.

❸ 핵심 문장 만들기 활동

"내가 하고 싶은 말 한 문장으로 말해볼까?" 훈련을 통해 중심 생각을 뽑아내는 능력을 길러줍니다.

❹ 말로 브레인스토밍하기

주제를 주고, 생각나는 키워드들을 입으로 먼저 말해보며 사고를 확장하게 합니다. 그다음 펼쳐져 있는 키워드들을 구조화하며 정리하는 연습을 합니다.

❺ 가정에서는 '생각을 꺼내게 하는 질문' 활용

"왜 그렇게 생각했어?", "그 생각을 정리하자면?" 같은 질문으로 사고 정돈을 유도해보세요.

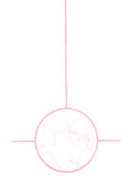

4

말하기는 뇌 발달에 도움이 된다

수줍음 많던 아이, 말로 세상을 넓혀가기 시작하다!

6세 유아 연우는 처음 스피치 교실 문을 열고 들어올 때, 엄마의 손을 꼭 붙잡고 있었습니다. 낯선 공간과 새로운 친구들 앞에서 얼굴이 금세 굳어졌죠.

"이름을 알려줄 수 있을까?"

"…ㅇ…여…우요."

목소리는 작고, 끝 음은 거의 들리지 않았습니다. 질문을 하면 눈을 아래로 내리깔고, 대답은 한두 음절로 툭 떨어졌습니다. 수업이 시작된 뒤에도 연우는 조용했습니다. 다른 친구들이 "저요! 제가 할래요!" 하고 손을 들 때, 연우는 살짝 뒤로 몸을 숨겼습니다. 그래서 저는 매번 연우에게 한 번 더 나가가 부드럽게 물었습니다.

"연우야, 선생님이랑 둘이 해볼까?"

"…네."

그날 이후, 연우와의 작은 대화가 수업의 시작이 되었습니다. 짧은 단어라도 문장으로 만들어보는 연습을 매주 반복했죠.

"사과."

"사과가 어떻게 생겼을까?"

"빨갛고… 둥글어요."

"좋아요! 그럼 사과를 먹으면 어떤 맛이 날까?"

"음… 달아요!"

이처럼 짧은 말이 문장으로, 문장이 대화로 이어지는 순간이 하나둘 늘어갔습니다. 그리고 선생님이 연우의 말을 자연스럽게 다듬어주며 반응했습니다.

"빨갛고 둥근 사과네요. 연우는 달다고 느꼈구나!"

그럴 때마다 연우는 아주 작게, 하지만 확실히 미소를 지었습니다. 몇 달 뒤, 수업 중 '우리 가족 소개하기' 활동 시간. 연우는 스스로 손을 들었습니다.

"저희 집에도 강아지가 있어요. 꼬리가 길고 귀가 접혀있어요. 우리 강아지는 정말 귀여워요."

세 문장을 또렷하게 이어가는 그 목소리에, 교실은 순간 조용해졌습니다. 함께 있던 친구들이 각자 강아지에 관한 이야기에 대화를 더하기 시작했고 연우로 인해 교실에는 이야기꽃이 피었습니다. 연우의 얼굴에는 처음으로 '자신감'이 스며들었습니다. 이제 연우는 수업 시간에 먼저 손을 듭니다.

"선생님, 저도 말하고 싶어요."

아이의 말은 더 길고 풍성해졌고, 생각의 흐름이 문장 안에서 자연스럽게 이어지기 시작했습니다. 단어가 늘어난다는 건, 생각이 자라고 있다는 신호입니다. 아이의 말이 길어진다는 건, 사고와 언어가 함께 성장하고 있다는 증거입니다. 연우의 변화는 단순히 말이 유창해진 것이 아닙니다. 연우의 말 속에는 이해하고 연결하고 표현하는 뇌의 발달 과정이 녹아 있었습니다. 말로 세상을 배우고, 세상과 소통하는 힘. 그 시작은 아주 작은 한마디에서부터였습니다.

왜 '말하기'가 뇌 발달에 도움이 될까?

언어는 단순한 의사소통 수단이 아닙니다. 말은 생각의 산물이며, 동시에 생각을 만드는 과정입니다. 특히 말하기는 뇌의 다양한 영역을 동시에 자극합니다

- 전두엽: 계획, 판단, 자기 통제, 실행 기능 담당 → 말의 순서와 논리 구성
- 측두엽: 언어 이해, 감정 기억 → 상대의 말 이해와 감정 반응
- 브로카 영역: 말하기를 위한 운동 계획
- 베르니케 영역: 문장의 의미를 해석하는 언어 이해 중심

즉, 아이가 말하기 활동을 할 때마다 뇌 전체가 함께 작동하며 인지

기능, 사고력, 감정 표현 능력까지 통합적으로 성장하는 것입니다.

말하기는 단순한 말의 연습이 아닙니다. 아이의 뇌를 훈련하는 고차원적인 인지 활동입니다. 단어를 떠올리고, 문장으로 연결하고, 감정을 담아내는 과정에서 아이의 두뇌는 스스로 생각하고 표현할 줄 아는 사람으로 자라고 있습니다. 스피치는 언어 교육이자, 뇌 교육입니다. 그리고 그 시작은, 아이가 자기 생각을 말로 풀어볼 기회에서부터 시작됩니다.

> 전문가의 핵심 비법

스피치 수업에서 뇌 발달을 촉진하는 방법

❶ 말의 구성력 키우기 활동 - "처음-중간-끝" 구조를 만들어 이야기하기
  자신의 경험을 순서대로 말해보는 훈련

❷ 감각 연계 말하기
  오감 활동 후 말로 표현하기 (예: 맛본 음식 묘사, 본 그림 설명)
  감각과 언어를 연결하는 뇌 활성화 자극

❸ 롤플레잉 및 상황극 활용
  역할 바꾸기 놀이, 역할극을 통해 공감 능력, 즉흥 사고력 자극
  다양한 문장 패턴 익히기
  "~할 때 나는 ~했다" / "왜냐하면 ~이기 때문이다" 구조 활용
  언어적 사고 확장을 위한 구조화된 말하기 훈련

❹ 가정에서는 말로 생각을 설명하게 하기
  "왜 그렇게 생각했어?", "어떤 점이 좋았어?" 등 질문을 통해 말의 흐름을 유도해주세요.

5
내 아이를 지키는 무기, 말솜씨

"그냥…. 말하면 분위기 이상해질까 봐요."라던 태윤이의 변화

초등학교 5학년 태윤이는 첫 상담 때부터 조용했습니다. 질문을 던져도 짧은 대답만 했고, 대화 도중 시선을 피하곤 했죠.

"학교에서는 어때?"

"그냥요…."

"친구들이랑 잘 지내?"

"네…."

그러던 중 어머니가 조심스럽게 말씀하셨습니다.

"태윤이는 친구가 잘못한 게 있어도 꼭 참고 넘어가요. 억울한 일이 있어도 그냥 조용히 있어요."

그 말이 마음에 남았습니다.

'이 아이는 왜 말을 하지 않을까?

감정을 표현하는 게 불편한 걸까, 아니면 두려운 걸까?' 수업 중 작은 상황극 활동을 하던 날이었습니다. 역할극 속에서 한 친구가 일부러 태윤이의 종이를 가져갔습니다.

"태윤아, 그럴 땐 어떻게 말하면 좋을까?"

"……."

태윤이는 고개를 숙인 채 아무 말도 하지 않았습니다.

"기분이 나쁘면 말해도 돼. 말한다는 건 싸우자는 게 아니라, 내 마음을 표현하는 거야."

그 말을 여러 번 반복하던 어느 날, 태윤이가 조심스럽게 입을 열었습니다.

"그냥… 말하면 분위기 이상해질까 봐요."

순간 교실의 공기가 멈춘 듯했습니다. 그동안 아무 말 없이 넘겼던 이유가, 그저 '착한 아이'여서가 아니라 '불편한 분위기'를 두려워했기 때문이었던 겁니다.

"태윤아, 네가 말한다고 해서 분위기가 나빠지는 건 아니야. 오히려 네 마음을 알아차릴 기회가 돼. 참는 것보다, 말로 표현하는 게 더 용기 있는 거야."

그날 이후, 태윤이는 조금씩 달라졌습니다. 작은 일에도 자신의 기분을 말하기 시작했죠.

"저는 그게 조금 속상했어요."

"그렇게 말하면 기분이 안 좋아요."

이제 태윤이는 침묵 대신 언어로 자신을 지키는 법을 배우고 있습니다. 태윤이의 말에는 이제 '감정'이, '생각'이, 그리고 '자기 존중'이 담겨 있습니다. 말은 단순한 표현이 아니라, 자신을 지키는 언어적 방패가 될 수 있습니다. 태윤이가 처음으로 "기분이 나빠요."라고 말했을 때,

그건 단순한 대화가 아니라 자신을 향한 첫 번째 존중의 표현이었습니다. 이제 그는 알고 있습니다. 참는 대신 말할 수 있을 때, 마음이 한결 가벼워진다는 걸.

왜 말하기는 '나를 지키는 무기'일까요?

요즘 아이들은 다양한 사회적 관계 속에서 살아갑니다. 친구와의 관계는 물론, 학교나 동아리 같은 단체 활동에서도 관계를 맺습니다. 게다가 온라인에서도 소통이 이어지기 때문에, 장소와 상관없이 끊임없이 사회적 관계와 연결된 채 살아갑니다. 그런데 갈등 상황에서 자신을 표현하지 못하면? 억울함을 말하지 못하고 감정을 억누르게 되고, 거절하지 못해 원하지 않는 행동을 하게 되며 부당한 요구에 침묵하게 됩니다. 결국, 이는 자존감의 손상과 사회적 불안감 증가로 이어집니다. 자신을 지키는 데 가장 기본적이면서도 강력한 수단은 말입니다.

"그건 싫어요."

"저는 그렇게 생각하지 않아요."

"이건 제 물건이에요."

이 짧은 말들이 아이의 경계를 만들고, 자존감을 보호하는 역할을 합니다.

말은 방패입니다. 아이의 감정을, 권리를, 자존감을 지켜주는 가장 확실하고 안전한 도구입니다. 스피치를 통해 자신의 목소리를 낼 수 있게 된 아이는, 더 이상 억울함을 삼키지 않고, 자기 마음을 표현하며 자신을 보호할 줄 아는 아이로 자라납니다. 말 잘하는 아이는 결국, 자신을 지킬 줄 아는 아이입니다.

전문가의 핵심 비법

스피치 수업에서 '자기방어 말하기'를 어떻게 훈련하나?

❶ 감정 말하기 훈련

다양한 감정 표현 어휘를 익혀 감정을 언어로 표현하는 연습을 자주 합니다.

"내 감정-이유-바람" 순서로 구조화하여 자신의 마음을 표현하는 연습을 합니다. 아이가 어디서부터 말해야 할지 막막해할 때, 이렇게 구조화된 틀이 있으면 훨씬 쉽게 말문을 열 수 있습니다.

❷ 거절 말하기 역할극

거절을 해야 하는 상황에서 자연스럽게 거절을 말해보는 연습을 반복합니다.

"미안하지만 지금은 안 돼", "이건 내 거라서 다음에 빌려줄게" 등 대안적 말하기 문장을 알려줍니다.

❸ '침묵하지 않아도 되는 환경' 만들기

수업 중 어떤 말이든 지지받을 수 있다는 분위기 조성

아이가 실수해도 괜찮고, 의견이 달라도 환영받는 경험 제공

❹ 가정에서는 "이럴 땐 어떻게 말할래?" 자문 질문 활용

"친구가 너 물건을 허락 없이 가져가면 뭐라고 할 수 있을까?" 같은 가정 시나리오를 던져보세요.

책이나 TV 속 인물의 관계에 대해 함께 이야기 나누는 것도 좋은 방법이 됩니다. "너는 저 상황이라면 저 친구에게 뭐라고 했을 것 같아?"

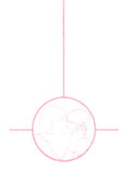

6

스토리텔링 시대, 말하기도 스펙이다

미술 작품을 더욱 빛낸 지유의 표현력

초등학교 6학년 지유는 그림을 특별히 잘 그리는 아이는 아니었습니다. 색칠할 때마다 "이상하게 색이 섞여요….."라며 고개를 갸웃했고, 미술 시간에는 늘 조용히, 다른 친구들의 그림을 부러워하며 앉아 있었습니다. 하지만 스피치 수업에서는 달랐습니다. 지유는 말할 때면 눈빛이 살아났고, 자기 생각을 또렷하게 전할 줄 아는 아이였습니다. 어느 날 미술 시간, '나의 여름방학'이라는 주제로 자신의 그림을 설명하는 발표 시간이 있었습니다. 지유는 그날, 자신에게 기회가 왔다고 느꼈습니다.

'그림은 평범하지만, 내 이야기는 진심으로 들려줄 수 있어.'

친구들 앞에 선 지유는 한숨을 고르고 발표를 시작했습니다.

"이건 제가 지난 여름방학에 갔던 바다예요. 처음엔 물이 너무 무서웠어요. 그런데 파도에 살짝 밀려 넘어지면서… 이상하게 용기가 생겼어요."

그 말이 끝나는 순간, 교실이 조용해졌습니다. 그림은 평범했지만, 그 안에 담긴 감정과 경험이 진짜였기 때문입니다. 잠시 후, 교실 뒤편에서 박수가 터졌습니다.

"와, 지유야 멋지다!"

아이들의 박수 소리 사이로, 선생님이 미소를 지으며 말했습니다.

"이 그림을 보면서 네 이야기를 들으니까, 정말 그날 바닷가에 함께 있었던 것 같구나."

그 순간, 지유의 얼굴에는 자신감이 스며들었습니다. 지유는 미술 시간에 처음으로 박수를 받았습니다. 그리고 스스로 작게 중얼거렸습니다.

"내가 표현하고 싶은 걸 말로 전하는 건… 큰 능력이구나."

그날 이후, 지유는 달라졌습니다. 그림을 그릴 때마다 색깔보다 '이야기'를 먼저 떠올렸고, 친구들에게 그림을 설명하는 일을 스스로 자청했습니다. 말은 그림에 생명을 불어넣습니다.

언어로 표현할 수 있을 때, 생각은 예술이 됩니다. 지유는 이제 알고 있습니다. 자신의 목소리로 마음을 표현하는 순간, 비록 그림은 평범해도 그 안의 이야기는 누구보다 특별해진다는 걸요.

왜 '스토리텔링'이 스펙인가요?

이제 정보는 넘쳐나고, 전달력은 평준화된 시대입니다. 그래서 '이야기할 줄 아는 사람'은 더욱 기억에 남습니다. 입시 면접에서, 지원 동기를 진짜처럼 들려줄 수 있는 아이, 자기소개에서 자신을 하나의 이야기처럼 풀어내는 아이, 발표나 프로젝트에서 사람을 설득할 수 있는 이야기 구조를 가진 아이. 이들은 단순한 정보 나열이 아니라, 자신의 경험과 감정을 '이야기'로 포장할 줄 아는 힘을 가진 아이들입니다. 그리고 이 힘은, 이제 하나의 스펙으로 작용합니다.

말은 데이터를 넘어서야 합니다. 그리고 그걸 가능하게 하는 것이 이야기입니다. 말로 자신의 이야기를 할 줄 아는 아이, 말에 사람의 마음을 담을 줄 아는 아이는 정보를 전달하는 수준을 넘어, 설득하고 감동을 주는 아이로 성장하게 됩니다. 스토리텔링은 재능이 아니라 훈련입니다. 그리고 말하기는 그 훈련을 즐겁게 만드는 가장 좋은 방법입니다.

> 전문가의 핵심 비법

스피치 수업에서 스토리텔링 능력을 어떻게 키우는가?

❶ 개인 경험 이야기 훈련

"있었던 일을 3문장으로 말해볼까?"

4컷 만화 그리기로 핵심을 추려내고 정리하는 연습하기

❷ 기승전결 이야기 만들기 활동

간단한 소재(예: 연필, 강아지, 나뭇잎 등)로 창의적 이야기 만들기

처음-사건-반전-마무리 구조 훈련

❸ 스토리 공감 멘트 만들기

"그런 적 있어요", "저도 비슷한 일이 있었는데…" 등 공감과 연결을 위한 말 연습

❹ 반전 있는 이야기 대회

예상하지 못한 결말 만들기 활동 → 창의성 + 재미 모두 강화

❺ 가정에서는 "오늘 무슨 이야깃거리 있었어?" 질문해보기

단순한 "뭐 했어?" 대신 "이야기 하나 들려줘~"라는 방식으로 말문 열어주기

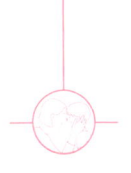

7

재능을 넘어 직업으로 이어진다

발표 좋아하던 아이의 새로운 꿈

초등학교 5학년 수아는 발표 시간이 기다려지는 아이였습니다.

"오늘은 제가 먼저 해볼게요!"

누가 시키지 않아도 손을 번쩍 들었죠. 친구들 앞에 서면 눈빛이 반짝였고, 이야기를 풀어가는 순발력과 리듬감이 돋보였습니다. 어느 날, '내가 좋아하는 일'이라는 주제로 자유 발표를 하는 시간이 있었습니다. 수아는 잠시 생각하더니 미소를 지으며 입을 열었습니다.

"저는 사람들 앞에서 말할 때 제일 신나요. 제가 말하면 친구들이 웃고, 집중해줄 때 기분이 좋아요. 그래서요… 나중에 아나운서가 되고 싶어요."

순간, 교실 안이 따뜻한 공기로 가득 찼습니다. 아이들의 박수가 터져 나왔고, 수아의 얼굴은 더 밝아졌습니다. 그날 이후 수아는 수업 중에도 종종 자기 생각을 '콘텐츠처럼' 말하기 시작했습니다.

"이 주제로 영상 만들어도 재밌을 것 같아요."

"유튜브 채널을 만들어서 친구들이랑 말하기 팁을 알려줄까 봐요."

그 이야기를 들은 부모님은 놀라움을 감추지 못했습니다.

"말을 잘하게 되니까 생각도 커지네요. 그전엔 발표만 잘했으면 좋겠다고 생각했는데, 이젠 스스로 미래를 상상하더라고요."

말하기는 단순한 기술이 아니었습니다. 수아에게 말하기는 자신을 표현하고, 세상과 연결되는 방법이 되었던 것이죠. 누군가 앞에 서서 자기 생각을 말하는 일은 '지금의 나'를 넘어서 '미래의 나'를 상상하게 합니다. 지금의 수아는 여전히 발표를 좋아합니다. 하지만 이제는 그 발표가 '하나의 무대'가 아니라, 자신의 꿈을 향해 한 걸음 내딛는 연습이 되었습니다.

왜 말하기 능력이 직업과 연결될까?

21세기는 표현의 시대입니다. 어떤 분야에 종사하든, 결국 자기 생각을 말로 풀어내고, 사람을 설득하고, 관계를 만드는 능력이 필요합니다. 교사, 강사, 아나운서, 기자처럼 직접 말로 일하는 직업뿐 아니라 기획자, 디자이너, 연구원, 심지어 개발자조차도 팀을 설득하고, 아이디어를 설명하고, 자신을 표현하는 말하기 능력이 필수가 되었습니다. 즉, 말하기 능력은 특정 직업군만이 아니라 모든 아이가 기본으로 가져야 할 생존 스킬이 된 것입니다. 그리고 말하기는, 아이가 자신의 잠재력을 표현하고, 그걸 기반으로 진로를 확장해 나갈 수 있게 해줍니다.

아이의 말하기 능력은, 단순히 학교생활을 넘어 자신의 꿈을 말하고,

키우고, 이룰 수 있는 힘이 됩니다. 말을 잘하는 아이는 생각을 밖으로 꺼낼 줄 알고, 세상과 연결될 줄 아는 아이입니다. 말은 재능을 넘어, 미래를 여는 열쇠가 됩니다.

> **전문가의 핵심 비법**

스피치 수업에서 직업 연계를 어떻게 할까?

❶ 진로 스피치 주제 다루기
"내가 되고 싶은 사람은?", "그 직업은 어떤 말하기가 필요할까?" 발표해보기

❷ 역할 직업 체험 스피치
기자, 아나운서, 유튜버 등을 실습해보기

❸ 토론과 협업 스피치 훈련
의견을 조율하고 설득하는 경험 제공

❹ 스토리텔링을 통한 꿈 발표
단순 직업 소개가 아니라 '내가 왜 이 꿈을 꾸게 되었는지' 이야기식으로 발표하기

❺ 가정에서는 다양한 직업에 관해 이야기 나누기
"이 직업은 어떤 말을 잘해야 할까?" "그 일 하려면 어떤 말하기가 필요할까?" 자연스럽게 연결해보세요.

8

말을 잘하면 원하는 꿈에 가까워진다

말하기를 통해 꿈을 현실로 끌어당긴 아이

중학교 1학년 민재는 어릴 때부터 축구 선수가 꿈이었습니다.

"공만 있으면 행복해요."

그는 운동장 위에서 누구보다 빠르게 뛰었고, 팀의 에이스로 활약했습니다. 하지만 시간이 지나면서 민재는 깨달았습니다.

"경기만 잘한다고 다 되는 게 아니더라고요."

주장으로서 팀을 이끌고, 감독에게 의견을 전하거나 경기 후 인터뷰를 해야 할 때면 말이 막혔습니다.

"그냥…. 열심히 하겠습니다."

늘 같은 말만 반복하는 자신이 답답했습니다. 그때 민재는 스피치 수업을 시작했습니다. 처음엔 "말하기를 왜 해야 하죠?"라며 고개를 갸웃했지만, 점점 '운동선수에게 필요한 말하기'의 중요성을 깨닫기 시작했습니다. 자신감 있는 목소리, 시선을 잃지 않는 태도, 그리고 무엇보다

'내 생각을 구조 있게 전달하는 법'을 배워갔죠.

"민재야, 너희 팀이 이번 대회에서 잘한 점이 뭐라고 생각해?"

"음… 저희는… 팀워크가 좋아요."

"좋아요, 그럼 그걸 구체적으로 말해볼까? 어떤 순간에 팀워크가 느껴졌는지."

"아! 다 같이 훈련할 때, 서로 격려해주는 거요. 누가 실수하면 '괜찮아!' 하고, 끝까지 응원했어요."

그 말에는 민재의 '생각'과 '이유'가 담겨 있었습니다. 단순한 대답이 아닌, 자신의 이야기가 된 것이죠. 그리고 어느 날, 클럽에서 연락이 왔습니다.

"민재야, 이번 경기 후 인터뷰 때 우리 팀 대표로 소감 발표해줄래?"

예전 같으면 망설였을 민재는 잠시 숨을 고르고 말했습니다.

"네, 할 수 있어요."

그날, 그는 마이크를 잡고 또렷하게 말했습니다.

"저는 우리 팀이 함께 땀 흘려온 과정이 정말 자랑스럽습니다. 앞으로도 서로 믿고, 최선을 다하겠습니다."

짧았지만 진심이 담긴 목소리였습니다. 관중석에서는 박수가 터져 나왔고, 감독은 고개를 끄덕이며 미소를 지었습니다. 무대를 내려온 민재는 말했습니다.

"선생님, 진짜 신기해요. 예전엔 말이 무서웠는데, 지금은 말하면 더 자신감이 생겨요."

그 순간 민재는 깨달았습니다. 꿈을 향해 나아가는 길에는 실력만큼이나 '말의 힘'이 필요하다는 것을. 말은 단순한 표현이 아니라, 자신의 열정과 신념을 세상에 보여주는 또 하나의 실력임을요.

왜 '말'이 꿈에 가까워지게 할까?

꿈은 단순한 바람이 아닙니다. 꿈을 이루기 위해서는, 자신의 목표를 설명할 수 있어야 하고 사람을 설득할 수 있어야 하며 기회가 왔을 때 자신을 표현할 수 있어야 합니다. 이 모든 과정에서 말하기 능력은 꿈을 현실로 끌어당기는 힘이 됩니다. 입학 면접, 오디션, 각종 발표, 장학금 신청, 프로젝트 제안, 네트워킹, 리더십 발휘, 협업, 대외 활동 등 말을 통해 아이는 스스로 수많은 기회를 만들고, 잡고, 넓혀갈 수 있습니다. 말을 잘하는 아이는 단순히 말을 매끄럽게 하는 아이가 아니라, 자신의 꿈을 말로 그리면서 한 걸음씩 현실로 다가가는 아이입니다.

꿈은 말로 시작됩니다. 말로 자신의 꿈을 그려보고, 사람들에게 들려주고, 스스로 믿기 시작할 때, 꿈은 막연한 바람이 아니라 구체적인 목표가 됩니다. 말을 잘하는 아이는 꿈을 말할 줄 아는 아이이고, 꿈을 현실로 끌어당길 줄 아는 아이입니다.

> 전문가의 핵심 비법

스피치 수업에서 꿈과 연결하는 방법

❶ 꿈 발표하기 훈련

"내가 되고 싶은 사람"을 주제로 이야기하고, 이유와 계획을 말로 풀어보기

❷ 꿈 인터뷰 연습

부모나 친구가 인터뷰어가 되어 꿈에 대해 질문하고, 아이가 답하는 형식으로 연습

❸ 목표 스토리텔링 만들기

꿈을 이루기 위해 지금 어떤 노력을 하고 있는지, 구체적인 이야기를 만들어서 발표하기

❹ 미래 상상 말하기

"10년 뒤 나는 어디에서 무얼 하고 있을까?" 상상 발표하기

❺ 가정에서는 꿈에 대해 자연스럽게 대화하기

"그 꿈을 이루려면 어떤 힘이 필요할까?" "어떤 사람이 널 도와줄까?" 등 대화를 통해 말로 꿈을 구체화시켜 주세요.